Smjernice OECD-a za korporativno upravljanje u poduzećima u državnom vlasništvu

IZDANJE IZ 2015.

Glavni tajnik OECD-a odgovoran je za objavljivanje ovoga rada. Ovdje iznesena mišljenja i argumenti ne odražavaju nužno službene stavove zemalja članica OECD-a.

Ovaj dokument i bilo koja ovdje uključena karta ne dovode u pitanje status ili suverenitet nad bilo kojim teritorijem, razgraničavanje međunarodnih granica i naziv bilo kojeg teritorija, grada ili područja.

Molimo da ovu publikaciju citirate kao:
OECD (2020), *Smjernice OECD-a za korporativno upravljanje u poduzećima u državnom vlasništvu: Izdanje iz 2015.*, OECD Publishing, Paris, *https://doi.org/10.1787/45a716e6-hr.*

ISBN 978-92-64-99670-0 (tiskano)
ISBN 978-92-64-70911-9 (PDF)

Izvorni naslov: *OECD Guidelines on Corporate Governance of State-Owned Enterprises, 2015 Edition*
Ovo je neslužbeni prijevod. Iako su uloženi svi napori kako bi se osiguralo vjernost izvornim tekstovima, jedine službene verzije su tekstovi na engleskom i francuskom jeziku dostupni na web-stranici OECD-a: *https://legalinstruments.oecd.org* i http://www.oecd.org/corporate/soes/.

Atribucija fotografije: Naslovnica © ann triling/Thinkstock.com

Ispravci publikacije nalaze se na internetu na: *www.oecd.org/about/publishing/corrigenda.htm.*
© OECD 2020

Uporaba ovog djela, bilo u digitalnom ili tiskanom obliku, podliježe Uvjetima i odredbama koji se nalaze na *http://www.oecd.org/termsandconditions.*

Predgovor

Smjernice OECD-a za korporativno upravljanje u poduzećima u državnom vlasništvu (Smjernice) preporuke su državama o tome kako osigurati da poduzeća u državnom vlasništvu posluju učinkovito, transparentno i odgovorno. One su međunarodno dogovoreni standard o tome kako državne uprave trebaju vršiti funkciju državnog vlasništva kako bi se izbjegle zamke pasivnog vlasništva i pretjerane državne intervencije. Smjernice su prvi put sastavljene 2005. godine kao dodatak *OECD-ovim načelima korporativnog upravljanja*[*] (Načela). Ažurirane su 2015. godine kako bi odrazile desetljeće iskustva s njihovom provedbom i dale odgovore na nova pitanja koja su se pojavila u vezi s poduzećima u državnom vlasništvu u domaćem i međunarodnom kontekstu.

U izvršavanju svojih odgovornosti vlasništva, državne uprave također mogu imati koristi od pridržavanja preporuka koje su primjenjive na privatni sektor, posebice *Načela korporativnog upravljanja skupine G20 / OECD-a*. Smjernice su zamišljene kao dodatak Načelima, s kojima su u potpunosti kompatibilne. Ostali relevantni OECD-ovi instrumenti uključuju *Smjernice OECD-a za multinacionalna poduzeća*. Pomoćne smjernice mogu se tražiti i iz drugih izvora, kao što su *OECD-ov okvir za politike ulaganja* i *OECD-ov alat za ocjenu učinaka na tržišno natjecanje*. Smjernice nude savjete o tome kako državne uprave mogu osigurati da su poduzeća u državnom vlasništvu odgovorna prema široj javnosti barem u onolikoj mjeri u kolikoj bi uvršteno društvo trebalo biti prema svojim dioničarima.

Vijeća OECD-a, upravljačko tijela Organizacije, usvojilo je i objavili ažurirane Smjernice u srpnju 2015., zajedno s Preporukom Vijeća za promicanje njihove uporabe na razini međunarodne zajednice.

---

[*] Ova su Načela preimenovana u Načela korporativnog upravljanja skupine G20 / OECD-a nakon njihove revizije u 2015. godini i njihovog odobrenja na sastanku ministara financija i guvernera središnjih banaka država članica skupine G20 od 4. do 5. rujna 2015.

Zahvale

Smjernice su mijenjale zemlje OECD-a u suradnji s velikim krugom partnera i dionika. Kolumbija, Latvija i Ruska Federacija sudjelovale su u pregledu Smjernica kao suradnici (na ravnopravnoj osnovi sa zemljama OECD-a) i pridružile su se ishodu pregleda. Grupa Svjetske banke sudjeluje kao Promatrač Radne skupine za praksu državnog vlasništva i privatizacije. Argentina, Brazil, Kina, Kostarika, Kazahstan, Litva, Peru, Filipini, Južna Afrika i Ukrajina izravno su sudjelovali u raspravama Radne skupine o reviziji. Tijekom revizije Smjernica organizirane su opsežne konzultacije izvan redovnih sastanaka Radne skupine. Komentare su primila nadležna tijela sljedećih zemalja: Zelenortska Republika, Ekvador, Egipat, Indija, Indonezija, Irak, Narodna Demokratska Republika Laos, Malezija, Mauritanija, Maroko, Mijanmar, Paragvaj, Surinam, Tajland, Urugvaj i Vijetnam.

Postupak revizije dodatno je imao koristi od doprinosa institucijskih konzultacijskih partnera OECD-a, Savjetodavnog odbora za poslovanje i industriju (BIAC) i Savjetodavnog odbora sindikata (TUAC), kao i Argentinskog instituta za upravljanje organizacijama (IAGO), Azijske razvojne banke, Baltičkog instituta za korporativno upravljanje, Brazilskog udruženja investitora na tržištu kapitala, Brazilskog instituta korporativnih direktora, instituta Guberna, Međuameričke razvojne banke, Međunarodne mreže korporativnog upravljanja, Razvojne banke Latinske Amerike, Malezijske akademije direktora, Mijanmarskog instituta za razvoj resursa – Centra za ekonomski i socijalni razvoj, Mijanmarskog instituta certificiranih javnih računovođa, Pakistanskog instituta za korporativno upravljanje, Filipinskog instituta certificiranih javnih računovođa, Filipinskog instituta korporativnih direktora, Singapurskog instituta direktora, Saveza mijanmarske federacije gospodarskih i industrijskih komora i Gospodarske komisije Ujedinjenih naroda za Afriku.

Sadržaj

Uvod 8

Preporuka vijeća o smjernicama za korporativno upravljanje u poduzećima u državnom vlasništvu 11

O smjernicama 13

Područje primjene i definicije 17

I. Obrazloženja za državno vlasništvo 21

II. Uloga države kao vlasnika 22

III. Poduzeća u državnom vlasništvu na tržištu 24

IV. Pravično postupanje prema dioničarima i drugim ulagateljima 26

V. Odnosi s dionicima i odgovorno poslovanje 27

VI. Objavljivanje i transparentnost 28

VII. Odgovornosti nadzornih odbora poduzeća u državnom vlasništvu 30

Napomene uz poglavlje I.: obrazloženja za državno vlasništvo 32

Napomene uz poglavlje II.: uloga države kao vlasnika 37

Napomene uz poglavlje III.: poduzeća u državnom vlasništvu na tržištu 49

Napomene uz poglavlje IV.: pravično postupanje prema dioničarima i drugim ulagateljima 57

Napomene uz poglavlje V.: odnosi s dionicima i odgovorno poslovanje 62

Napomene uz poglavlje VI.: objavljivanje i transparentnost 67

Napomene uz poglavlje VII.: odgovornosti nadzornih odbora poduzeća u državnom vlasništvu 74

Uvod

Dobro upravljanje poduzećima u državnom vlasništvu ključno je za učinkovita i otvorena tržišta, kako na domaćoj tako i na međunarodnoj razini. U mnogim su zemljama poduzeća u državnom vlasništvu glavni pružatelji ključnih javnih usluga, uključujući i komunalne usluge. To znači da njihovo poslovanje utječe na svakodnevni život građana i na konkurentnost ostatka gospodarstva. Poduzeća u državnom vlasništvu postaju sve istaknutiji čimbenici na međunarodnom tržištu. Osiguravanje da posluju u stabilnom konkurentskom i regulatornom okruženju ključno je za održavanje otvorenog trgovinskog i investicijskog okruženja na čemu se temelji gospodarski rast.

Smjernice OECD-a za korporativno upravljanje u poduzećima u državnom vlasništvu (*Smjernice*) preporuke su državnim upravama o tome kako osigurati da poduzeća u državnom vlasništvu posluju učinkovito, transparentno i odgovorno. One su međunarodno dogovoreni standard o tome kako državne uprave trebaju vršiti funkciju državnog vlasništva kako bi se izbjegle zamke pasivnog vlasništva i pretjerane državne intervencije. *Smjernice* su prvi put sastavljene 2005. godine kao dodatak *OECD-ovim načelima korporativnog upravljanja*. Ažurirane su 2015. godine kako bi odrazile desetljeće iskustva s njihovom provedbom i dale odgovore na nova pitanja koja se tiču poduzeća u državnom vlasništvu u domaćem i međunarodnom kontekstu.

Smjernice su znatno promijenjene i značajno se povećala relevantnost njihove politike. Ažurirani i prošireni instrument pruža veću jasnoću u pogledu načina na koji tvorci politika trebaju uključiti javne institucije i osigurati provedbu dogovorenih dobrih praksi. Razvijene su preporuke u vezi s obrazloženjem za državno vlasništvo nad poduzećima koje će pomoći kod odlučivanja hoće li državne uprave, u skladu sa zahtjevima odgovornosti, htjeti zakoračiti u korporativni sektor. Preporuke za održavanje ravnopravnih uvjeta između poduzeća u državnom vlasništvu i privatnih poduzeća pružaju smjernice za poduzeća u državnom vlasništvu koja su aktivna na domaćem i međunarodnom tržištu.

Te revidirane *Smjernice* izdaju se u kritičnom trenutku. Budući da mnoge zemlje doživljavaju slabiji gospodarski rast i sužavanje fiskalnog prostora, državne uprave suočavaju se sa sve većim izazovima da osiguraju dobro funkcioniranje sektora poduzeća u državnom vlasništvu, a ovaj im dokument pruža odgovarajuće smjernice. Mnoga gospodarstva imaju velike sektore poduzeća u državnom vlasništvu, a iskustvo pokazuje da sektor u državnom vlasništvu može promicati ili ometati gospodarski i socijalni razvoj, ovisno o tome posluje li on u skladu s općeprihvaćenim dobrim praksama. Istovremeno brojne zemlje sve se više posvećuju stranim poduzećima u državnom vlasništvu koja posluju u njihovoj nadležnosti – i u kontekstu trgovinskih i investicijskih ugovora – s ciljem da utvrde komercijalne smjerove i moguće utjecaje u konkurentnom okruženju.

Uvjeren sam da će *Smjernice* predstavljati sve važniji izvor za državne uprave. One predstavljaju snažan alat za doprinos pravednijim i konkurentnijim tržištima, stvaranju vrijednosti, rastu i razvoju te poboljšanju pružanja osnovnih usluga svim članovima društva. Stoga pozivam državne uprave u zemljama OECD-a i partnerskim zemljama da se aktivno služe *Smjernicama*.

Angel Gurría
Glavni tajnik OECD-a

PREPORUKA VIJEĆA O SMJERNICAMA ZA KORPORATIVNO UPRAVLJANJE U PODUZEĆIMA U DRŽAVNOM VLASNIŠTVU

8. srpnja 2015.

VIJEĆE,

uzimajući u obzir članak 5.(b) Konvencije o Organizaciji za gospodarsku suradnju i razvoj od 14. prosinca 1960.;

uzimajući u obzir Preporuku Vijeća o Načelima korporativnog upravljanja za koja ova Preporuka donosi dodatne smjernice za poduzeća u državnom vlasništvu;

uzimajući u obzir Preporuku Vijeća o Smjernicama za korporativno upravljanje u poduzećima u državnom vlasništvu (u daljnjem tekstu „Smjernice") koje ova preporuka zamjenjuje;

uzimajući u obzir Smjernice za multinacionalna poduzeća koje su sastavni dio Deklaracije o međunarodnim ulaganjima i multinacionalnim poduzećima [C(76)99/FINAL]; Konvenciju o borbi protiv podmićivanja stranih državnih službenika u međunarodnim poslovnim transakcijama; Preporuku Vijeća o načelima za sudjelovanje privatnog sektora u infrastrukturi; Preporuku Vijeća o načelima za javno upravljanje javno-privatnim partnerstvima; i Preporuku Vijeća za ravnopravnost spolova u obrazovanju, na radu i u poduzetništvu;

uzimajući u obzir reviziju Smjernica nakon što je uočena sve veća pozornosti država koje pokreću reforme sektora u državnom vlasništvu;

uviđajući važnu ulogu koju poduzeća u državnom vlasništvu imaju u mnogim gospodarstvima i njihovo sve veće sudjelovanje na međunarodnim tržištima i velike koristi koje proizlaze iz dobrog korporativnog upravljanja u poduzećima u državnom vlasništvu;

uviđajući da se poduzeća u državnom vlasništvu suočavaju s određenim izazovima u upravljanju koji proizlaze iz činjenice da njihova vlasnička pravau ime šire javnosti provode državni službenici;

na prijedlog Odbora za korporativno upravljanje:

I. **preporučuje da članovi i nečlanovi, pridržavajući se ove Preporuke (u daljnjem tekstu „Obveznici"), uzimaju u obzir Smjernice, koje su utvrđene u Dodatku ove Preporuke i čine njezin sastavni dio, kao zajednički dogovorenu dobru praksu u organiziranju sektora poduzeća u državnom vlasništvu;**

II. preporučuje da Obveznici aktivno promiču provedbu Smjernica prilikom uspostavljanja vlastitih praksi vlasništva i definiranja okvira za korporativno upravljanje u poduzećima u državnom vlasništvu;

III. poziva Glavnog tajnika da prenosi ovu Preporuku;

IV. poziva Obveznike da prenose ovu Preporuku;

V. poziva zemlje koje nisu Obveznice da uzmu u obzir ovu Preporuku i da se, prema potrebi, pridržavaju iste podložno reviziji Radne skupine za prakse državnog vlasništva i privatizacije;

VI. upućuje Odbor za korporativno upravljanje da, kroz Radnu skupinu za prakse državnog vlasništva i privatizacije, nadgleda provedbu ove Preporuke i da izvijesti Vijeće najkasnije pet godina nakon usvajanja i, prema potrebi, nakon toga.

O Smjernicama

Većinu industrijaliziranih gospodarstava karakteriziraju otvorena i konkurentna tržišta koja su čvrsto ukorijenjena u vladavini prava, s privatnim poduzećima kao glavnim gospodarskim čimbenicima. Međutim, u nekim drugim zemljama, uključujući mnoga gospodarstva u nastajanju, poduzeća u državnom vlasništvu predstavljaju neznatni dio BDP-a, zaposlenosti i tržišne kapitalizacije. Čak i u zemljama u kojima poduzeća u državnom vlasništvu imaju tek manju ulogu u gospodarstvu, često prevladavaju u području komunalnih usluga i infrastrukture, kao što su električna energija, promet i telekomunikacije, a u nekim slučajevima i u industriji ugljikovodika i financijama, čija je uspješnost od velikog značaja za široke segmente stanovništva i za ostale dijelove poslovnog sektora. Stoga je dobro upravljanje poduzećima u državnom vlasništvu od presudnog značaja za osiguravanje njihovog pozitivnog doprinosa gospodarskoj učinkovitosti i konkurentnosti. Iskustvo pokazuje da je razvoj vođen tržištem najučinkovitiji model za učinkovitu raspodjelu resursa. Brojne su zemlje u postupku reforme načina na koji organiziraju i upravljaju svojim poduzećima u državnom vlasništvu te su u mnogim slučajevima izabrale najbolje međunarodne prakse kao što su ove Smjernice za polazišnu točku ili čak referentne vrijednosti. Smjernice imaju sljedeće ciljeve: (i) profesionalizacija države kao vlasnika; (ii) poticanje poduzeća u državnom vlasništvu da postignu sličnu razinu učinkovitosti, transparentnosti i odgovornosti kao privatna poduzeća koja su usvojila dobru praksu; i (iii) osiguravanje da se konkurencija između poduzeća u državnom vlasništvu i privatnih poduzeća, ako ona postoji, odvija pod jednakim uvjetima. Smjernice ne razmatraju jesu li određene aktivnosti najbolje u javnom ili privatnom vlasništvu. Međutim, ako državna odluči prodati poduzeća u državnom vlasništvu, tada je dobro korporativno upravljanje važan preduvjet za gospodarski učinkovitu privatizaciju, što poboljšava vrednovanje poduzeća u državnom vlasništvu i time jača fiskalne prihode iz postupka privatizacije.

Obrazloženje za državno vlasništvo nad poduzećima varira među zemljama i industrijama. Obično se može reći da sadrži spoj društvenih, gospodarskih i strateških interesa. Primjeri uključuju industrijsku politiku, regionalni razvoj, opskrbu javnim dobrima, kao i postojanje takozvanih „prirodnih" monopola u kojima se konkurencija ne smatra mogućom. Tijekom posljednjih nekoliko desetljeća, međutim, globalizacija tržišta, tehnološke promjene i deregulacija prethodno monopolističkih tržišta doveli su do prilagođavanja i restrukturiranja državnog sektora u mnogim zemljama. Nadalje, učešće poduzeća u državnom vlasništvu u međunarodnoj trgovini i ulaganju značajno je poraslo. Dok su se poduzeća u državnom vlasništvu nekada uglavnom bavila pružanjem osnovne infrastrukture ili drugih javnih usluga na domaćem tržištu, poduzeća u državnom vlasništvu postaju sve važniji čimbenici izvan svojih teritorija. U kombinaciji s tim razvojem je širenje državnih investicijskih sredstava, što pridonosi složenosti odnosa između država i poduzeća koja su u njihovom vlasništvu. Ti su razvoji istraženi u velikom broju izvješća OECD-a koja su poslužila u izradi ovih Smjernica[1].

Poduzeća u državnom vlasništvu suočavaju se s karakterističnim izazovima upravljanja. S jedne strane, poduzeća u državnom vlasništvu mogu se suočavati s neprimjerenim i politički motiviranim vlasničkim uplitanjem, što dovodi do slabljenja granica odgovornosti, manjka odgovornosti i slabljenja učinkovitosti u korporativnom poslovanju. S druge strane, nedostatak bilo kakvog nadzora zbog potpuno pasivnog ili udaljenog vlasništva države može oslabiti motivaciju poduzeća u državnom vlasništvu i njihovih zaposlenika da djeluju u najboljem interesu poduzeća i šire javnosti koja predstavlja njihove krajnje dioničare te povećati vjerojatnost da osobe bliske korporativnom vrhu djeluju u vlastitom interesu. Upravljanje poduzećima u državnom vlasništvu također se može zaštititi od dva disciplinirajuća faktora koja se smatraju ključnim za nadzor provedbe u korporacijama privatnog sektora, točnije, mogućnost preuzimanja i mogućnost stečaja. Na državnoj razini provođenje trgovinskih zakona i propisa protiv poduzeća u državnom vlasništvu može stvoriti jedinstvene izazove zbog unutardržavnog trenja do kojeg dolazi zbog regulatora koji poduzimaju izvršne radnje protiv subjekata koje kontrolira država. Dodatni problemi upravljanja nastaju kada poduzeća u državnom vlasništvu imaju dvostruke ciljeve obavljanja gospodarskih aktivnosti i ispunjavanja uloge javne politike.

Još važnije, poteškoće u korporativnom upravljanju proizlaze iz činjenice da odgovornost za rezultate poduzeća u državnom vlasništvu uključuje složen lanac

---

[1] „Odgovornost i transparentnost: Vodič za državno vlasništvo", OECD, 2011; „Neutralnost tržišnog natjecanja: Održavanje ravnopravnih uvjeta između javnog i privatnog poslovanja", OECD, 2012; „Nadzorni odbori poduzeća u državnom vlasništvu", OECD, 2013; „Financiranje poduzeća u državnom vlasništvu: Pregled nacionalnih praksi", OECD, 2014; i „Upravljanje poduzećima u državnom vlasništvu: Pregled obrazloženja za državno vlasništvo", OECD, 2015.

agenata (uprava, nadzorni odbor, vlasnička tijela, ministarstva, vlada i zakonodavna vlast), bez jasno i jednostavno definiranih nalogodavaca, ili udaljenih nalogodavaca; strane imaju intrinzične sukobe interesa koji bi mogli motivirati odluke na temelju kriterija koji nisu u najboljem interesu poduzeća i šire javnosti koja čini njegove dioničare. Strukturiranje ove složene mreže odgovornosti kako bi se osigurale učinkovite odluke i dobro korporativno upravljanje predstavlja izazov i zahtijeva posvećivanje dodatne pažnje istim trima načelima koja su najvažnija za atraktivno investicijsko okruženje; transparentnost, vrednovanje i usklađenost politike.

Smjernice za korporativno upravljanje u poduzećima u državnom vlasništvu prvi su put sastavljene za suočavanje s tim izazovima u 2005. godini. U 2014. Odbor za korporativno upravljanje OECD-a zatražio je od svoje dopunske Radne skupine za prakse državnog vlasništva i privatizacije da pregleda i revidira ovaj instrument uzimajući u obzir gotovo desetljeće iskustva s njegovom provedbom. Izvješće je prethodno analiziralo promjene u sustavima korporativnog upravljanja i državnog vlasništva u zemljama OECD-a od 2005. godine te je zaključeno da su nastojanja za provedbu nacionalnih reformi, uz nekoliko izuzetaka, bila u skladu sa Smjernicama[2]. Na temelju toga, Radna skupina zaključila je da Smjernice trebaju nastaviti postavljati visoke standarde za državne uprave i služiti kao putokaz za reforme sektora poduzeća u državnom vlasništvu.

Države se u izvršavanju svojih odgovornosti vlasništva mogu poslužiti i preporukama koje su primjenjive na privatni sektor, posebice *OECD-ovih načela korporativnog upravljanja* (*Načela*)[3]. Smjernice su zamišljene kao dodatak Načelima, s kojima su u potpunosti kompatibilne. Ostali relevantni pravni instrumenti OECD-a uključuju *OECD-ovu deklaraciju o međunarodnim investicijskim i multinacionalnim poduzećima* čiji su sastavni dio *Smjernice za multinacionalna poduzeća*. Pomoćne smjernice mogu se tražiti i iz drugih izvora, kao što su *OECD-ov okvir za politike ulaganja* i *OECD-ov alat za ocjenu učinaka na tržišno natjecanje*. Smjernice nude savjete o tome kako državne uprave mogu osigurati da su poduzeća u državnom vlasništvu odgovorna prema široj javnosti

---

[2] „Korporativno upravljanje poduzećima u državnom vlasništvu: Promjene i reforme u zemljama OECD-a od 2005. godine", OECD, 2010.

[3] Ova su Načela preimenovana u Načela korporativnog upravljanja skupine G20 / OECD-a nakon njihove revizije u 2015. godini i njihovog odobrenja na sastanku ministara financija i guvernera središnjih banaka država članica skupine G20 od 4. do 5. rujna 2015.

barem u onolikoj mjeri u kolikoj bi uvršteno društvo trebalo biti prema svojim dioničarima.

Ostatak dokumenta podijeljen je u dva glavna dijela. Smjernice predstavljene u prvom dijelu pokrivaju sljedeća područja: I) Obrazloženja za državno vlasništvo; II) Uloga države kao vlasnika; III) Poduzeća u državnom vlasništvu na tržištu; IV) Pravično postupanje prema dioničarima i drugim ulagateljima; V) Odnosi s dionicima i odgovorno poslovanje; VI) Objavljivanje i transparentnost; i VII) Odgovornosti nadzornih odbora poduzeća u državnom vlasništvu. Na početku svakog odjeljaka predstavljena je jedna Smjernica koja se pojavljuje u podebljanom kurzivu koja je popraćena nizom dodatnih podskupina Smjernica. U drugom su dijelu Smjernice dopunjene napomenama koje sadrže komentar o Smjernicama i služe kao pomoć čitateljima oko razumijevanja njihovog obrazloženja. Napomene također mogu sadržavati opise dominantnih trendova i ponuditi niz metoda provedbe i primjere koji mogu biti korisni u provođenju Smjernica.

PODRUČJE PRIMJENE I DEFINICIJE

Smjernice su upućene onim državnim službenicima koji su zaduženi za vlasništvo nad poduzećima te također pružaju korisne savjete za nadzorne odbore i uprave poduzeća u državnom vlasništvu. One daju preporuke u pogledu upravljanja pojedinim poduzećima u državnom vlasništvu, kao i u pogledu prakse državnog vlasništva te regulatornog i pravnog okruženja u kojem poduzeća u državnom vlasništvu posluju. Smjernice su općenito primjenjive na poduzeća u državnom vlasništvu, bez obzira posluju li na domaćoj ili na međunarodnoj razini.

Mora se uzeti u obzir to da ne postoji jedinstveno rješenje i da različite pravne i administrativne tradicije mogu zahtijevati različite aranžmane. Smjernice se stoga temelje na rezultatima, što znači da je odluka o tome kako postići rezultate koji se preporučuju u rukama samih država. U ovom se odjeljku razmatraju neka pitanja i problemi s kojima se vlasnici poduzeća moraju suočiti kako bi odlučili o primjenjivosti Smjernica.

Definiranje poduzeća u državnom vlasništvu. Zemlje se razlikuju s obzirom na raspon institucija koje se smatraju poduzećima u državnom vlasništvu. Za potrebe Smjernica, svaki korporativni subjekt koji je nacionalnim pravom priznat kao poduzeće i u kojem država izvršava vlasnička prava smatra se poduzećem u državnom vlasništvu. Ovo uključuje dionička društva, društva s ograničenom odgovornošću i komanditna društva na dionice. Nadalje, javna poduzeća čija je pravna osobnost uspostavljenom posebnim zakonodavnim okvirom trebaju se smatrati poduzećima u državnom vlasništvu ako su njihova svrha i aktivnosti, ili dijelovi njihovih aktivnosti, uglavnom gospodarske prirode.

Vlasništvo i kontrola. Smjernice se primjenjuju na poduzeća koja su pod nadzorom države, bilo da je država stvarni vlasnik većine dionica s pravom glasa ili da na drugi način vrši istovjetnu razinu kontrole. Primjeri istovjetne razine kontrole uključuju, na primjer, slučajeve u kojima zakonske odredbe ili statuti društva osiguravaju stalnu državnu kontrolu nad poduzećem ili nadzornim odborom u kojem ima manjinski udio. Neke granične slučajeve potrebno je rješavati na pojedinačnoj osnovi. Na primjer, omogućuje li „zlatna dionica" kontrolu ovisi o opsegu ovlasti koje daje državi. Isto tako, može se smatrati da Smjernice pokrivaju manjinsko državno vlasništvo ako korporativne ili vlasničke strukture imaju stvaran kontrolni utjecaj na državu (npr. putem sporazuma dioničara). Suprotno tome, državni utjecaj na korporativne odluke koje se izvršavaju temeljem *bona fide* regulacije obično se ne smatra kontrolom. Subjekti u kojima država ima udjele u kapitalu ispod deset posto koji ne prenose kontrolu i ne predstavljaju nužno dugoročni udio u ciljnom društvu, a koje neizravno drže neovisni upravitelji imovine, kao što su mirovinski fondovi, također se ne smatraju poduzećima u državnom vlasništvu. Za svrhu ovih Smjernica, subjekti koji su u vlasništvu ili pod nadzorom države u ograničenom trajanju zbog stečaja, likvidacije, konzervacije ili uvođenja prinudne uprave, obično se ne smatraju poduzećima u državnom vlasništvu. Različiti načini vršenja državne kontrole također nastaju različita pitanja upravljanja. U Smjernicama se pod pojmom „vlasništvo" podrazumijeva kontrola.

Gospodarske aktivnosti. Za svrhu ovih Smjernica, gospodarska aktivnost je ona koja uključuje pružanje dobara ili usluga na određenom tržištu, a koju bi, u načelu, mogao provoditi privatni subjekt sa svrhom ostvarivanja dobiti. Tržišna struktura (npr. karakterizira li je konkurencija, oligopol ili monopol) nije presudna za utvrđivanje je li neka aktivnost gospodarska. Obvezna korisnička naknada koju je uvela državna uprava obično se ne smatra prodajom roba i usluga na tržištu. Gospodarske se aktivnosti uglavnom odvijaju na tržištima na kojima već postoji konkurencija s drugim poduzećima ili na kojima bi se mogla pojaviti konkurencija s obzirom na postojeće zakone i propise.

Ciljevi javne politike. Za potrebe ovog dokumenta ciljevi javne politike su oni od kojih šira javnost ima korist unutar nadležnosti samog poduzeća u državnom vlasništvu. Provode se kao posebni zahtjevi uspješnosti postavljeni poduzećima u državnom vlasništvu i/ili privatnim poduzećima koji ne uključuju povećanje dobiti i vrijednosti dioničara. Mogu uključivati pružanje javnih usluga, poput poštanskih usluga, i druge posebne obveze koje se izvršavaju u javnom interesu. Ciljevi javne politike u brojnim se slučajevima mogu postići i putem državnih agencija, ali su dodijeljeni poduzećima u državnom vlasništvu zbog učinkovitosti ili drugih razloga. *Ad hoc* intervencije države u postupanja poduzeća u državnom vlasništvu obično se ne smatraju dijelom ciljeva javne politike poduzeća. Ciljevi javne politike mogu se provoditi odvojeno od gospodarskih aktivnosti ili u kombinaciji s njima.

Upravljačka tijela poduzeća u državnom vlasništvu. Neka poduzeća u državnom vlasništvu imaju dualistički sustav odbora koji razdvaja nadzornu i upravljačku funkciju na različita tijela. Ostala poduzeća imaju monistički sustav odbora koji može, a ne mora uključivati izvršne (glavne) direktore. U kontekstu ovog dokumenta, „nadzorni odbor" odnosi se na korporativno tijelo zaduženo za funkcije nadzora upravljanja poduzećem. Mnoge državne uprave postavljaju „neovisne" članove u nadzorne odbore poduzeća u državnom vlasništvu, ali opseg i definicija neovisnosti znatno se razlikuje ovisno o nacionalnom pravnom kontekstu i kodeksima korporativnog upravljanja. Glavni izvršni direktor poduzeća najviši je izvršni djelatnik, odgovoran za upravljanje poslovima i provedbu korporativne strategije. Glavni izvršni direktor poduzeća odgovara nadzornom odboru.

Uvrštena poduzeća u državnom vlasništvu. Neki dijelovi Smjernica posebno su orijentirani prema „uvrštenim poduzećima u državnom vlasništvu" Za potrebe ovog dokumenta „uvrštena poduzeća u državnom vlasništvu" odnose se na poduzeća u državnom vlasništvu čijim se dionicama javno trguje U nekim jurisdikcijama poduzeća u državnom vlasništvu koja su izdala povlaštene dionice, dužničke vrijednosne papire i/ili slične financijske instrumente također se mogu smatrati uvrštenima.

Vlasničko tijelo. Vlasničko tijelo dio je države koje je odgovorno za vlasničku funkciju ili izvršavanje vlasničkih prava u poduzećima u državnom vlasništvu. „Vlasničko tijelo" može biti jedna agencija zadužena za državno vlasništvo, agencija za koordinaciju ili ministarstvo nadležno za izvršavanje vlasničkih prava države. U Smjernicama i Napomenama izraz „vlasničko tijelo" upotrebljava se ne dovodeći u pitanje model vlasništva. Nije nužno da su svi obveznici Smjernica dodijelili glavnu vlasničku ulogu državnoj instituciji, a to ne mora utjecati na provedbu ostatka preporuka.

Područje primjene. Smjernice su primjenjive na sva poduzeća u državnom vlasništvu koja obavljaju gospodarske aktivnosti, bilo da se bave samo njima ili da su posvećena i ostvarivanju ciljeva javne politike ili provođenju javnih ovlasti ili funkcija. Hoće li se druge jedinice državne uprave pridržavati Smjernica dijelom ovisi o mjeri u kojoj se provode gospodarske aktivnosti. Smjernice se uglavnom ne primjenjuju na subjekte ili aktivnosti čija je glavna svrha obavljanje funkcije javne politike, čak i ako dotični subjekti imaju pravni oblik poduzeća. Kao vodeće načelo, subjekti koji su odgovorni za vlasničke funkcije poduzeća koja se nalaze na podnacionalnim razinama vlasti trebali bi nastojati provesti što više preporuka iz Smjernica.

I. OBRAZLOŽENJA ZA DRŽAVNO VLASNIŠTVO

Država izvršava vlasnička prava nad poduzećima u državnom vlasništvu u interesu šire javnosti. Treba pažljivo procijeniti i objaviti ciljeve koji opravdavaju vlasništvo države i stalno ih preispitivati.

A. Krajnja svrha državnog vlasništva nad poduzećima treba biti povećavanje vrijednosti za društvo učinkovitom raspodjelom resursa.

B. Državna uprava treba razviti vlasničku politiku. Politika, *inter alia*, treba definirati razloge za državno vlasništvo, ulogu države u upravljanju poduzećima u državnom vlasništvu, način na koji će država provoditi svoju vlasničku politiku te uloge i odgovornosti onih državnih ureda koji su uključeni u njezinu provedbu.

C. Vlasnička politika treba se podvrgnuti odgovarajućim postupcima političke odgovornosti i objaviti široj javnosti. Država treba redovito revidirati vlasničku politiku.

D. Država treba definirati razloge za vlasništvo nad državnim poduzećima i stalno ih preispitivati. Nadležna tijela trebala bi jasno odrediti i objaviti sve ciljeve javne politike koje pojedinačna poduzeća u državnom vlasništvu ili grupe poduzeća u državnom vlasništvu trebaju ostvariti.

II. ULOGA DRŽAVE KAO VLASNIKA

Država treba djelovati kao informiran i aktivan vlasnik te osigurati da se upravljanje poduzećima u državnom vlasništvu provodi na transparentan i odgovoran način uz visok stupanj profesionalnosti i učinkovitosti.

A. Državne uprave trebaju pojednostaviti i standardizirati pravne oblike u okviru kojih poduzeća u državnom vlasništvu djeluju. Njihove bi operativne procedure trebale biti u skladu s općeprihvaćenim korporativnim normama.

B. Državna uprava poduzećima u državnom vlasništvu treba omogućiti potpunu operativnu autonomiju za postizanje definiranih ciljeva i izbjegavati uplitanje u vođenje poduzeća u državnom vlasništvu. Država kao dioničar treba izbjegavati redefiniranje ciljeva poduzeća u državnom vlasništvu na netransparentan način.

C. Država bi nadzornim odborima poduzeća u državnom vlasništvu trebala dopustiti da izvršavaju svoje dužnosti te bi trebala poštovati njihovu neovisnost.

D. Izvršavanje vlasničkih prava treba biti jasno utvrđeno unutar državne uprave. Izvršavanje vlasničkih prava treba biti objedinjeno u jednom vlasničkom tijelu, a ako to nije moguće, to treba prepustiti koordinacijskom tijelu. To „vlasničko tijelo" trebalo bi imati sposobnost i kompetencije za učinkovito obavljanje svojih dužnosti.

E. Vlasničko tijelo treba biti odgovorno za mjerodavna predstavnička tijela i imati jasno definirane odnose s mjerodavnim tijelima javne vlasti, uključujući vrhovne državne revizorske institucije.

F. Država treba djelovati kao informirani i aktivni vlasnik i izvršavati svoja vlasnička prava u skladu s pravnim oblikom svakog poduzeća. Njezine glavne odgovornosti uključuju sljedeće:

1. Predstavljanje na glavnim skupštinama dioničara i učinkovito ostvarivanje prava glasovanja;

2. Uspostavljanje strukturiranih i transparentnih postupaka imenovanja nadzornog odbora na temelju zasluga u poduzećima u potpunom ili većinskom državnom vlasništvu, aktivno sudjelovanje u imenovanju nadzornih odbora svih poduzeća u državnom vlasništvu i doprinos raznolikosti nadzornih odbora;

3. Postavljanje i praćenje primjene širokih ovlasti i ciljeva za poduzeća u državnom vlasništvu, uključujući financijske ciljeve, ciljeve strukture kapitala i razine prihvatljivog rizika;

4. Postavljanje sustava izvješćivanja koji vlasničkom tijelu omogućuju redoviti nadzor, reviziju i procjenu rezultata poduzeća u državnom vlasništvu te nadgledanje i nadzor usklađenosti s primjenjivim standardima korporativnog upravljanja;

5. Razvoj politike objavljivanja za poduzeća u državnom vlasništvu koja definira koje se informacije trebaju javno objaviti, odgovarajuće kanale za objavljivanje i mehanizme za osiguranje kvalitete informacija;

6. Kad je to primjereno i dozvoljeno pravnim sustavom i razinom vlasničkih prava države, održavanje kontinuiranog dijaloga s vanjskim revizorima i posebnim tijelima državne kontrole;

7. Uspostavljanje jasne politike naknada za nadzorne odbore poduzeća u državnom vlasništvu koja promiče dugoročni i srednoročni interes poduzeća i može privući i motivirati kvalificirane stručnjake.

III. PODUZEĆA U DRŽAVNOM VLASNIŠTVU NA TRŽIŠTU

U skladu s obrazloženjem za državno vlasništvo, pravni i regulatorni okvir za poduzeća u državnom vlasništvu treba osigurati ravnopravne uvjete i poštenu konkurenciju na tržištu kada poduzeća u državnom vlasništvu obavljaju gospodarske aktivnosti.

A. Treba postojati jasna odvojenost između funkcije državnog vlasništva i ostalih državnih funkcija koje mogu utjecati na uvjete poduzeća u državnom vlasništvu, posebice u pogledu regulacije tržišta.

B. Dionici i druge zainteresirane strane, uključujući vjerovnike i konkurente, trebaju imati pristup učinkovitoj pravnoj zaštiti kroz nepristrane pravne ili arbitražne postupke kada smatraju da su njihova prava povrijeđena.

C. Ako poduzeća u državnom vlasništvu kombiniraju gospodarske aktivnosti i ciljeve javne politike, potrebno je održavati visoke standarde transparentnosti i objavljivanja u vezi sa strukturom troškova i prihoda, što omogućuje pripisivanje područjima glavnih aktivnosti.

D. Država treba financirati i objaviti troškove povezane s ciljevima javne politike.

E. Kao vodeće načelo, poduzeća u državnom vlasništvu koja obavljaju gospodarske aktivnosti ne trebaju biti izuzeti od primjene općih zakona, poreznih zakona i propisa. Zakoni i propisi ne smiju neopravdano diskriminirati poduzeća u državnom vlasništvu i njihovu konkurenciju. Pravni oblik poduzeća u državnom vlasništvu treba omogućiti vjerovnicima da traže svoja potraživanja i pokrenu postupke u slučaju insolventnosti.

F. Gospodarske aktivnosti poduzeća u državnom vlasništvu trebaju imati tržišno usklađene uvjete u pogledu pristupa financiranju duga i kapitala. To se posebno odnosi na sljedeće:

1. Odnosi poduzeća u državnom vlasništvu sa svim financijskim institucijama, kao i s nefinancijskim poduzećima u državnom vlasništvu, trebaju biti isključivo na tržišnoj osnovi.

2. Gospodarske aktivnosti poduzeća u državnom vlasništvu ne smiju imati koristi od bilo kakve neizravne financijske potpore koja daje prednost nad privatnim konkurentima, poput povlaštenog financiranja, poreznih dugova ili povlaštenih trgovinskih kredita od ostalih poduzeća u državnom vlasništvu.

Gospodarske aktivnosti poduzeća u državnom vlasništvu ne smiju primati izvore (poput energije, vode ili zemlje) po cijenama ili uvjetima povoljnijim od onih koji su dostupni privatnim konkurentima.

3. Gospodarske aktivnosti poduzeća u državnom vlasništvu trebale bi ostvarivati stope povrata koje su, uzimajući u obzir njihove operativne uvjete, u skladu s onima dobivenim od strane konkurentskih privatnih poduzeća.

G. Kada se poduzeća u državnom vlasništvu uključe u javnu nabavu, bilo kao ponuditelj ili naručitelj, uključeni postupci trebaju biti konkurentni, nediskriminirajući i zaštićeni odgovarajućim standardima transparentnosti.

IV. PRAVIČNO POSTUPANJE PREMA DIONIČARIMA I DRUGIM ULAGATELJIMA

Ako su poduzeća u državnom vlasništvu uvrštena ili njihovi vlasnici na neki drugi način uključuju nedržavne ulagatelje, država i poduzeća trebaju priznati prava svih dioničara i osigurati pravično postupanje prema dioničarima i jednak pristup korporativnim informacijama.

A. Država treba težiti ka punoj provedbi *OECD-ovih načela korporativnog upravljanja* kada nije jedini vlasnik poduzeća u državnom vlasništvu te svih relevantnih odjeljaka kada je jedini vlasnik poduzeća u državnom vlasništvu. U pogledu zaštite dioničara, to uključuje sljedeće:

1. Država i poduzeća u državnom vlasništvu trebaju osigurati pravično postupanje prema svim dioničarima.

2. Poduzeća u državnom vlasništvu trebaju se pobrinuti za visok stupanj transparentnosti, što u pravilu uključuje jednako i istodobno objavljivanje informacija prema svim dioničarima.

3. Poduzeća u državnom vlasništvu trebaju razviti aktivnu politiku komunikacije i savjetovanja sa svim dioničarima.

4. Sudjelovanje manjinskih dioničara na skupštinama dioničara treba se olakšati kako bi oni mogli sudjelovati u donošenju temeljnih korporativnih odluka, poput izbora nadzornog odbora.

5. Transakcije između države i poduzeća u državnom vlasništvu i između poduzeća u državnom vlasništvu trebaju se odvijati pod tržišno usklađenim uvjetima.

B. Sva uvrštena poduzeća u državnom vlasništvu i, ako je to izvedivo, neuvrštena poduzeća u državnom vlasništvu trebaju se pridržavati nacionalnih kodeksa korporativnog upravljanja.

C. Ako poduzeća u državnom vlasništvu imaju obvezu provođenja ciljeva javne politike, nedržavni dioničari u svakom trenutku trebaju imati pristup odgovarajućim informacijama o tim ciljevima.

D. Kad se poduzeća u državnom vlasništvu uključe u projekte suradnje, poput zajedničkih ulaganja i javno-privatnog partnerstva, ugovorna strana treba osigurati pridržavanje ugovornih prava i pravodobno i objektivno rješavanje sporova.

V. ODNOSI S DIONICIMA I ODGOVORNO POSLOVANJE

Politika državnog vlasništva treba u potpunosti prepoznati odgovornosti poduzeća u državnom vlasništvu prema dionicima i zahtijevati da poduzeća u državnom vlasništvu izvještavaju o svojim odnosima s dionicima. Treba jasno navesti sva očekivanja države u pogledu odgovornog poslovanja poduzeća u državnom vlasništvu.

A. Državne uprave, državna vlasnička tijela i sama poduzeća u državnom vlasništvu trebaju priznati i poštovati prava dioničara utvrđena zakonom ili međusobnim sporazumima.

B. Uvrštena ili velika poduzeća u državnom vlasništvu trebaju izvještavati o odnosima dionika, uključujući, ako je to relevantno i izvedivo, o radu, vjerovnicima i obuhvaćenim zajednicama.

C. Nadzorni odbori poduzeća u državnom vlasništvu trebaju razviti, implementirati, nadzirati i komunicirati programe i mjere unutarnje kontrole, etičkih normi i usklađenosti, uključujući one koje pridonose sprječavanju zloporaba i korupcije. Trebaju se temeljiti na nacionalnim normama, u skladu s međunarodnim obvezama te se odnositi na poduzeća u državnom vlasništvu i njihove podružnice.

D. Poduzeća u državnom vlasništvu trebaju se pridržavati visokih standarda odgovornog poslovanja. Očekivanja državne uprave u tom pogledu trebaju biti javno objavljena i trebaju biti uspostavljeni mehanizmi njihove provedbe.

E. Poduzeća u državnom vlasništvu ne smiju služiti kao sredstvo financiranja političkog djelovanja. Poduzeća u državnom vlasništvu ne smiju davati doprinose političkim kampanjama.

VI. OBJAVLJIVANJE I TRANSPARENTNOST

Poduzeća u državnom vlasništvu trebaju se pridržavati visokih standarda transparentnosti i podlijegati istim visokim standardima knjigovodstva, objavljivanja, usklađenosti i revizije kao i uvrštena društva.

A. Poduzeća u državnom vlasništvu trebaju prijaviti važne financijske i nefinancijske informacije poduzeća u skladu s međunarodno priznatim visokim standardima korporativnog objavljivanja, uključujući i za područja koja su od velikog značaja za državu kao vlasnika i za širu javnost. To se osobito odnosi na aktivnosti poduzeća u državnom vlasništvu koje se obavljaju u javnom interesu. Uzimajući u obzir kapacitet i veličinu poduzeća, primjeri takvih informacija uključuju sljedeće:

1. Jasna izjava za javnost o ciljevima poduzeća i njihovom ispunjenju (za poduzeća u potpunom državnom vlasništvu to bi uključivalo sve ovlasti koje je dodijelilo državno vlasničko tijelo);

2. Financijski i operativni rezultati poduzeća, uključujući, gdje je to relevantno, sporazume o troškovima i financiranju za ciljeve javnih politika;

3. Upravljačka, vlasnička i glasačka struktura poduzeća, uključujući sadržaj kodeksa korporativnog upravljanja ili politike i postupaka provedbe;

4. Naknade za članove nadzornih odbora i ključno izvršno osoblje;

5. Kvalifikacije članova nadzornih odbora, postupak odabira, uključujući politike raznolikosti, uloge u nadzornim odborima drugih poduzeća i smatra li ih nadzorni odbor poduzeća u privatnom vlasništvu neovisnima;

6. Svi predvidljivi čimbenici rizika i mjere poduzete za upravljanje takvim rizicima;

7. Sva financijska pomoć, uključujući jamstva, dobivena od države i obveze preuzete u ime poduzeća u državnom vlasništvu, uključujući ugovorne obveze i odgovornosti koje nastaju na temelju javno-privatnog partnerstva;

8. Sve materijalne transakcije s državom i drugim povezanim subjektima;

9. Sva relevantna pitanja u pogledu zaposlenika i drugih dionika.

B. Godišnja financijska izvješća poduzeća u državnom vlasništvu trebaju se podvrgnuti neovisnoj vanjskoj reviziji na temelju visokih standarda kvalitete. Posebni postupci državnog nadzora ne mogu zamijeniti neovisnu vanjsku reviziju.

C. Vlasničko tijelo treba dosljedno izvještavati o poduzećima u državnom vlasništvu i objavljivati godišnja objedinjena izvješća o poduzećima u državnom vlasništvu. Dobra praksa zahtijeva upotrebu internetskih komunikacija radi lakšeg pristupa šire javnosti.

VII. ODGOVORNOSTI NADZORNIH ODBORA PODUZEĆA U DRŽAVNOM VLASNIŠTVU

Nadzorni odbori poduzeća u državnom vlasništvu trebaju imati potrebna ovlaštenja, kompetencije i objektivnost za izvršavanje funkcija strateškog vođenja i nadzora upravljanja. Trebaju djelovati s integritetom i snositi odgovornost za svoje postupanje.

A. Nadzorni odbori poduzeća u državnom vlasništvu trebaju imati jasne ovlasti i konačnu odgovornost za poslovanje poduzeća. Uloga nadzornih odbora poduzeća u državnom vlasništvu treba biti jasno definirana u zakonodavstvu, po mogućnosti u skladu s pravom trgovačkih društava. Nadzorni odbor treba snositi potpunu odgovornost prema vlasnicima, djelovati u najboljem interesu poduzeća i postupati sa svim dioničarima jednako.

B. Nadzorni odbori poduzeća u državnom vlasništvu trebaju učinkovito obavljati svoje funkcije određivanja strategije i nadzora upravljanja na temelju ovlasti nadzornog odbora i ciljeva koje je odredila državna uprava. Također trebaju imati ovlasti imenovanja i smjene glavnog izvršnog direktora. Trebaju odrediti razine naknada za rukoviditelje koje su u dugoročnom interesu poduzeća.

C. Ustroj nadzornog odbora poduzeća u državnom vlasništvu treba omogućavati objektivno i neovisno procjenjivanje. Svi članovi nadzornog odbora, uključujući sve državne službenike, trebaju se imenovati na temelju kvalifikacija i imati jednakovrijedne pravne odgovornosti.

D. Neovisni članovi nadzornog odbora, ako je primjenjivo, ne smiju imati nikakve materijalne interese ili odnos s poduzećem, njegovom upravom, drugim velikim dioničarima i vlasničkim tijelom, jer bi to moglo ugroziti njihovu sposobnost za objektivno prosuđivanje.

E. Potrebno je primijeniti mehanizme izbjegavanja sukoba interesa koji sprečavaju članove nadzornog odbora u objektivnom ispunjavanju obveza i ograničiti političke intervencije u postupanje nadzornog odbora.

F. Predsjednik treba preuzeti odgovornost za učinkovitost nadzornog odbora i, ako je to potrebno, u suradnji s drugim članovima nadzornog odbora, djelovati kao veza za komunikaciju s državnim vlasničkim tijelom. Dobrom se praksom smatra odvojiti funkciju predsjednika i glavnog izvršnog direktora.

G. Ako je obvezno postojanje predstavnika zaposlenika u nadzornom odboru, treba uspostaviti mehanizme kojima se jamči da to predstavljanje bude učinkovito i da pridonosi poboljšanju vještina, obaviještenosti i neovisnosti nadzornog odbora.

H. Nadzorni odbori poduzeća u državnom vlasništvu trebaju razmotriti uspostavljanje posebnih pododbora sastavljenih od neovisnih i kvalificiranih članova koji bi pružali podršku nadzornom odboru u izvršavanju zadataka, osobito u pogledu revizije, upravljanja rizikom i naknada. Osnivanje specijaliziranih pododbora trebalo bi unaprijediti učinkovitost nadzornog odbora i ne smije utjecati na odgovornost cjelokupnog nadzornog odbora.

I. Nadzorni odbori poduzeća u državnom vlasništvu trebaju, uz nadzor predsjednika, provesti godišnju, dobro strukturiranu ocjenu rada i učinkovitosti.

J. Poduzeća u državnom vlasništvu trebaju uspostaviti učinkovite interne postupke revizije i funkciju interne revizije koja će se nadzirati i koja izvještava izravno nadzornom odboru i revizijskom odboru ili jednakovrijednom korporativnom tijelu.

NAPOMENE UZ POGLAVLJE I.: OBRAZLOŽENJA ZA DRŽAVNO VLASNIŠTVO

Država izvršava vlasnička prava nad poduzećima u državnom vlasništvu u interesu šire javnosti. Treba pažljivo procijeniti i objaviti ciljeve koji opravdavaju vlasništvo države i stalno ih preispitivati.

Javnost čija državna administracija izvršava vlasnička prava krajnji su stvarni vlasnici poduzeća u državnom vlasništvu. To podrazumijeva da oni koji izvršavaju vlasnička prava nad poduzećima u državnom vlasništvu imaju dužnosti prema javnosti koje se ne razlikuju od fiducijarnih dužnosti nadzornog odbora prema dioničarima i trebaju djelovati kao promicatelji javnog interesa. Potrebni su visoki standardi transparentnosti i odgovornosti kako bi se javnost mogla uvjeriti da država izvršava svoje ovlasti u najboljem interesu javnosti.

U zemljama OECD-a obrazloženja za uspostavljanje ili održavanje državnog vlasništva obično uključuju jedno ili više obrazloženja u nastavku: (1) isporuka javnih dobara ili usluga u kojima se državno vlasništvo smatra učinkovitijim ili pouzdanijim od sklapanja ugovora s privatnim poduzetnicima; (2) djelovanje prirodnih monopola gdje se regulacija tržišta smatra neprovedivom ili neučinkovitom; i (3) potpora širim gospodarskim i strateškim ciljevima u nacionalnom interesu, kao što su održavanje određenih sektora u nacionalnom vlasništvu ili podupiranje zaostalih poduzeća od sustavnog značaja[4].

A. Krajnja svrha državnog vlasništva nad poduzećima treba biti povećavanje vrijednosti za društvo učinkovitom raspodjelom resursa.

Uloge koje su dodijeljene poduzećima u državnom vlasništvu i obrazloženja koja su temelj vlasništva državnih poduzeća značajno se razlikuju po jurisdikcijama. Međutim, dobra praksa zahtijeva da državne uprave razmotre i definiraju kako svako

---

[4] „Upravljanje poduzećima u državnom vlasništvu: Pregled obrazloženja za državno vlasništvo", OECD, 2015.

poduzeće treba dodavati vrijednost članovima javnosti koji su njegovi stvarni vlasnici, učinkovitom raspodjelom resursa. Država u donošenju odluke o osnivanju ili održavanju poduzeća u državnom vlasništvu treba razmotriti može li se drugom vlasničkom ili poreznom strukturom postići učinkovitija raspodjela resursa za dobrobit javnosti.

Ako se očekuje da poduzeća u državnom vlasništvu pružaju javne usluge, nameću se brojna pitanja učinkovitosti. Javnosti se najbolje služi ako se usluge pružaju na učinkovit i transparentan način i ako alternativna upotreba istih fiskalnih resursa ne može rezultirati boljim uslugama. Takva razmatranja trebaju usmjeravati odabire tvoraca politika u oslanjanju na poduzeća u državnom vlasništvu kao isporučitelje ciljeva javne politike. Ako su poduzeća u državnom vlasništvu uključena u konkurentne gospodarske aktivnosti, onda najbolje služe javnosti povećavanjem dugoročne vrijednosti i stvaranjem odgovarajućeg toka prihoda za nacionalnu riznicu.

B. Država treba razviti vlasničku politiku. Politika, *inter alia*, treba definirati sveukupna obrazloženja za državno vlasništvo, ulogu države u upravljanju poduzećima u državnom vlasništvu, način na koji će država provoditi svoju vlasničku politiku te uloge i odgovornosti onih državnih ureda koji su uključeni u njezinu provedbu.

Višestruka i oprečna obrazloženja za državno vlasništvo mogu dovesti do vrlo pasivnog obavljanja funkcije vlasništva, ili obrnuto rezultirati prekomjernom intervencijom države u stvarima ili odlukama koje trebaju biti prepuštene poduzeću i njegovim upravljačkim tijelima. Kako bi se država jasno postavila kao vlasnik, treba razjasniti i odrediti prioritete obrazloženja za državno vlasništvo razvijanjem jasne i eksplicitne vlasničke politike. To će poduzećima u državnom vlasništvu, tržištu i širokoj javnosti pružiti predvidivost i jasno razumijevanje općih ciljeva države kao vlasnika.

Vlasnička politika trebala bi biti u obliku sažetog općeg dokumenta koji sadrži općenita obrazloženja za vlasništvo nad državnim poduzećima. Dobrom praksom može se smatrati uključivanje u ciljeve vlasničke politike, poput stvaranja vrijednosti, pružanja javnih usluga ili strateških ciljeva, poput zadržavanja određenih industrija u nacionalnom vlasništvu. Država ima ulogu odlučivanja o obrazloženjima za državno vlasništvo, ali kakva god ona bila, trebalo bi ih jasno priopćiti javnosti i svim dijelovima vlasti koji izvršavaju vlasnička prava ili su na bilo koji drugi način uključeni u provedbu politike državnog vlasništva.

Uz to, vlasnička politika treba sadržavati detaljnije informacije o tome kako se vlasnička prava provode u državnoj upravi, uključujući ovlasti vlasničkog tijela i glavne funkcije te uloge i odgovornosti svih državnih subjekata koji izvršavaju vlasnička prava države. Također treba navesti i sintetizirati glavne elemente politika, zakona i propisa koji se primjenjuju na poduzeća u državnom vlasništvu, kao i sve dodatne smjernice koje informiraju o izvršavanju vlasničkih prava od strane države. Država prema potrebi također treba uključiti informacije o svojoj politici i planovima vezanim za privatizaciju poduzeća u državnom vlasništvu. Visoka razina transparentnosti važna je kako bi se spriječio povlašteni tretman, a samim tim i povećao prihod.

C.   Vlasnička politika treba se podvrgnuti odgovarajućim postupcima političke odgovornosti i objaviti široj javnosti. Država treba redovito revidirati vlasničku politiku.

Kod razvijanj i ažuriranj politike državnog vlasništva, država treba na odgovarajući način iskoristiti javna savjetovanja. Mehanizmi i opseg javnih savjetovanja razlikuju se u pojedinim zemljama, ali trebaju uključivati prijavljivanje i traženje doprinosa od šire javnosti ili njihovih predstavnika. Također, treba uključiti široko savjetovanje s predstavnicima privatnog sektora, uključujući ulagatelje i pružatelje usluga na tržištu te s predstavnicima sindikata. Učinkovita i rana upotreba javnog savjetovanja može biti od velike važnosti u olakšavanju prihvaćanja vlasničke politike od strane sudionika na tržištu i ključnih dionika. Razvoj vlasničke politike također može uključivati savjetovanja sa svim zainteresiranim državnim subjektima, na primjer, relevantnim zakonodavnim ili parlamentarnim odborima, državnom revizorskom institucijom, kao i nadležnim ministarstvima i regulatorima.

Vlasnička politika treba biti dostupna široj javnosti i široko distribuirana među relevantnim ministarstvima, agencijama, nadzornim odborima, upravama i zakonodavnom vlasti. Politička opredijeljenost može se dalje ojačati oslanjanjem na odgovarajuće mehanizme odgovornosti, poput redovitog zakonodavnog odobrenja.

Država treba nastojati biti dosljedna u svojoj vlasničkoj politici i izbjegavati prečesto mijenjanje cjelokupnog obrazloženja za državno vlasništvo. Međutim, obrazloženja i ciljevi mogu se vremenom razvijati i u tom se slučaju vlasnička politika mora sukladno tome ažurirati. Ovisno o nacionalnom kontekstu, najbolji način za to može uključivati revizije vlasništva nad poduzećem u državnom vlasništvu kao dijelom državnih proračunskih procesa, srednjoročnih fiskalnih planova ili u skladu s izbornim ciklusom.

D.   Država treba definirati razloge za vlasništvo nad pojedinim državnim poduzećima i stalno ih preispitivati. Nadležna tijela trebala bi jasno odrediti i

objaviti sve ciljeve javne politike koje pojedinačna poduzeća u državnom vlasništvu ili grupe poduzeća u državnom vlasništvu trebaju ostvariti.

Razlozi za vlasništvo nad pojedinim poduzećima ili, ovisno o slučaju, razreda poduzeća, mogu se razlikovati. Na primjer, ponekad su određene skupine poduzeća u državnom vlasništvu jer ispunjavaju važne funkcije javne politike, dok druge skupine s pretežno gospodarskim aktivnostima ostaju u državnom vlasništvu iz strateških razloga ili zato što posluju u sektorima s karakteristikama prirodnog monopola. Prirodni monopoli su sektori u kojima je najučinkovitije da se proizvodnjom bavi jedno društvo. U takvim slučajevima država može smatrati da je isplativije posjedovati takva poduzeća izravno, nego regulirati monopole u privatnom vlasništvu. Kako bi se razjasnila odgovarajuća obrazloženja politike na kojima se temelji njihovo održavanje u državnom vlasništvu, ponekad je korisno razvrstati ta poduzeća u državnom vlasništvu u zasebne kategorije i definirati njihova obrazloženja u skladu s tim. Svi elementi u lancu zastupnika uključenih u upravljanje poduzećima u državnom vlasništvu trebaju biti svjesni da je država posvećena provedbi ovih Smjernica.

Od poduzeća u državnom vlasništvu ponekad se očekuje da ispune posebne odgovornosti i obveze za potrebe socijalne i javne politike. U nekim zemljama to uključuje reguliranje cijena po kojima poduzeća u državnom vlasništvu moraju prodavati svoje proizvode i usluge. Te posebne odgovornosti i obveze trebaju biti jasno propisane i motivirane zakonima i propisima. Također se mogu uključiti u korporativni akt. Tržište i šira javnost trebaju biti jasno informirani o prirodi i opsegu tih obveza, kao i o njihovom ukupnom utjecaju na resurse i gospodarske rezultate poduzeća u državnom vlasništvu.

Zemlje imaju različita nadležna tijela koja imaju ovlasti priopćavanja određenih obveza poduzećima u državnom vlasništvu. U nekim slučajevima samo državna uprava ima te ovlasti. U drugima, zakonodavna vlast može uspostaviti takve obveze zakonodavnim postupkom. U tom slučaju važno je uspostaviti odgovarajuće mehanizme za savjetovanje između zakonodavne vlasti i državnih tijela odgovornih za vlasništvo nad poduzećem u državnom vlasništvu, kako bi se osigurala adekvatna koordinacija i izbjeglo narušavanje autonomije vlasničkog tijela.

NAPOMENE UZ POGLAVLJE II.: ULOGA DRŽAVE KAO VLASNIKA

Država treba djelovati kao informiran i aktivan vlasnik te osigurati da se upravljanje poduzećima u državnom vlasništvu provodi na transparentan i odgovoran način uz visok stupanj profesionalnosti i učinkovitosti.

Da bi izvršavala svoje vlasničke funkcije, država bi se trebala pridržavati standarda upravljanja u privatnom i javnom sektoru, posebno *OECD-ovih načela korporativnog upravljanja* koja su također primjenjiva na poduzeća u državnom vlasništvu. Osim toga, postoje određeni aspekti upravljanja poduzećima u državnom vlasništvu koji zahtijevaju posebnu pozornost ili bi trebali biti podrobnije dokumentirani kao smjernice za članove nadzornog odbora poduzeća u državnom vlasništvu, upravu i državno vlasničko tijelo za učinkovito ispunjavanje njihovih uloga.

A. Državna uprava treba pojednostaviti i standardizirati pravne oblike u okviru kojih poduzeća u državnom vlasništvu djeluju. Njezine bi operativne procedure trebale biti u skladu s općeprihvaćenim korporativnim normama.

Pravni oblici poduzeća u državnom vlasništvu mogu se razlikovati od pravnih oblika drugih društava. Oni mogu odražavati posebne ciljeve ili društvena pitanja, kao i posebnu zaštitu dodijeljenu određenim dionicima. To se posebno odnosi na zaposlenike čije se naknade mogu utvrditi regulatornim aktima ili kroz regulatorna tijela i koji imaju određena prava na mirovinu i zaštitu od otkaza koja su istovrijedna onima dodijeljenim državnim službenicima. Isto tako, u velikom broju slučajeva poduzeća u državnom vlasništvu u velikoj su mjeri svojim posebnim pravnim statusom zaštićena od postupaka u slučaju insolventnosti ili stečaja.

Ako se to dogodi, obično se radi o tome da više drugih sastavnih dijelova Smjernica nije ispravno provedeno. Na primjer, poduzeća u državnom vlasništvu tada se mogu razlikovati od društava s ograničenom odgovornošću u sljedećim pogledima: (i) nadležnost i ovlasti nadzornog odbora, uprave i službi; (ii) sastav i struktura tih nadzornih odbora; (iii) u kolikoj mjeri dodjeljuju prava na savjetovanje ili donošenje odluka određenim dionicima, a posebno zaposlenicima: (iv) zahtjevi za objavu; i (v) u kolikoj su mjeri podložni postupcima u slučaju insolventnosti ili stečaja. Pravni oblik poduzeća u državnom vlasništvu obično uključuje i strogu definiciju aktivnosti predmetnih poduzeća, što onemogućuje mijenjanje ili proširivanje aktivnosti na nove sektore i/ili u inozemstvu. Ta ograničenja osmišljena su za sprečavanje zloporabe javnih sredstava, zaustavljanje pretjerano ambicioznih strategija rasta ili sprečavanje poduzeća u državnom vlasništvu da izvoze osjetljive tehnologije. Potrebno je poduzeti mjere da ta pravna ograničenja ne ugrožavaju autonomiju nadzornog odbora potrebnu za provođenje njegovih dužnosti.

Pri standardizaciji pravnog oblika poduzeća u državnom vlasništvu državne bi se uprave trebale što više voditi zakonom o trgovačkim društvima koji je jednako primjenjiv na društva u privatnom vlasništvu i izbjegavati stvaranje posebnog pravnog oblika ili davanje povlaštenog statusa ili posebne zaštite poduzećima u državnom vlasništvu kad to nije nužno za postizanje ciljeva od javnog interesa koji se postavljaju poduzeću. Standardizacija pravnog oblika poduzeća u državnom vlasništvu poboljšava transparentnost i olakšava nadzor putem usporedbe sa drugim usporedivim poduzećima. Standardizacija bi posebno trebala biti postignuta u odnosu na poduzeća u državnom vlasništvu koja obavljaju gospodarske aktivnosti. Ona bi trebala biti usmjerena na to da sredstva i instrumenti koji su obično dostupni privatnim vlasnicima postanu dostupni i državi kao vlasniku. Standardizacija bi se stoga prvenstveno trebala baviti ulogom i ovlastima upravljačkih tijela poduzeća, kao i obvezama transparentnosti i objavljivanja.

B. **Državna uprava poduzećima u državnom vlasništvu treba omogućiti potpunu operativnu autonomiju za postizanje definiranih ciljeva i izbjegavati uplitanje u vođenje poduzeća u državnom vlasništvu. Država kao dioničar treba izbjegavati redefiniranje ciljeva poduzeća u državnom vlasništvu na netransparentan način.**

Temeljni načini ostvarenja aktivne i informirane države kao vlasnika uključuju jasnu i dosljednu vlasničku politiku, razvoj širokih ovlasti i ciljeva za poduzeća u državnom vlasništvu, strukturiran postupak imenovanja nadzornog odbora i učinkovitu provedbu utvrđenih vlasničkih prava. Široke ovlasti države i ciljevi za poduzeća u državnom vlasništvu trebaju se mijenjati samo u slučaju značajnih promjena misije. Iako je preispitivanje i naknadno mijenjanje ciljeva poduzeća u državnom vlasništvu ponekad potrebno, država ih ne bi trebala mijenjati prečesto te bi trebala osigurati transparentnost postupaka.

To ne podrazumijeva da država ne bi trebala djelovati kao aktivan vlasnik. To znači da bi ovlasti vlasničkog tijela da usmjerava poduzeće u državnom vlasništvu ili njegov nadzorni odbor trebale biti ograničene na strateška pitanja i ciljeve od javnog interesa. Država ne bi trebala biti uključena u operativno donošenje odluka, kao što je utjecaj na zapošljavanje u poduzeću u državnom vlasništvu. Država bi trebala javno objaviti i odrediti u kojim je područjima i vrstama odluka vlasničko tijelo nadležno za davanje uputa.

C. **Država bi nadzornim odborima poduzeća u državnom vlasništvu trebala dopustiti da izvršavaju svoje dužnosti te bi trebala poštovati njihovu neovisnost.**

Vlasničko tijelo bi se pri imenovanju i izboru članova nadzornog odbora trebalo usredotočiti na potrebu da nadzorni odbori poduzeća u državnom vlasništvu izvršavaju svoje dužnosti na profesionalan i neovisan način. Važno je da pojedini članovi nadzornog odbora prilikom izvršavanja svojih dužnosti ne djeluju kao predstavnici različitih interesnih skupina. Neovisnost podrazumijeva da svi članovi nadzornog odbora u izvršavanju svojih dužnosti budu nepristrani u odnosu na sve dioničare.

Kad je država vlasnik s kontrolnim udjelom, u jedinstvenom je položaju da imenuje i bira nadzorni odbor bez pristanka drugih dioničara. Ovo legitimno pravo dolazi uz veliku odgovornost za pronalaženje, imenovanje i biranje članova nadzornog odbora. Da bi se izbjegli mogući sukobi interesa, vlasničko tijelo u tom postupku treba izbjegavati biranje prevelikog broja članova nadzornog odbora iz državne uprave. To se posebno odnosi na poduzeća u državnom vlasništvu koja obavljaju gospodarske aktivnosti u kojima se ograničavanjem članstva predstavnicima vlasničkog tijela ili državnim dužnosnicima može povećati razina stručnosti, onemogućiti pretjerano uplitanje državne uprave u vođenje poduzeća u državnom vlasništvu i ograničiti odgovornost države za odluke koje donose nadzorni odbori poduzeća u državnom vlasništvu.

Zaposlenici vlasničkog tijela ili stručnjaci iz drugih dijelova državne uprave trebaju se birati u nadzorne odbore poduzeća u državnom vlasništvu samo ako zadovoljavaju potrebnu razinu stručnosti za sve članove nadzornog odbora i ako ne djeluju pod političkim utjecajem koji prelazi granice vlasničke uloge. Trebali bi imati iste dužnosti i odgovornosti kao i drugi članovi nadzornog odbora i djelovati u interesu poduzeća u državnom vlasništvu i svih dioničara. Uvjete i situacije za isključivanje zbog sukoba interesa potrebno je pažljivo procijeniti te pružiti smjernice o postupanju s njima i rješavanju. Dotični stručnjaci ne bi smjeli u prekomjernoj mjeri biti u stvarnim ili mogućim sukobima interesa. To prvenstveno znači da ne bi trebali sudjelovati u donošenju regulatornih odluka istog poduzeća u državnom vlasništvu niti imati određene obveze ili ograničenja koja bi im onemogućila djelovanje u interesu poduzeća. Općenito govoreći, svi potencijalni sukobi interesa u vezi s bilo kojim članom nadzornog odbora trebaju se prijaviti nadzornom odboru koji bi ih zatim trebao objaviti zajedno s informacijama o tome kako se rješavaju.

Važno je pojasniti osobnu odgovornost, kao i odgovornost države kad su državni dužnosnici u nadzornim odborima poduzeća u državnom vlasništvu. Dotični državni dužnosnici moraju objaviti pojedinosti o privatnom vlasništvu u poduzeću u državnom vlasništvu i držati se mjerodavnih propisa o trgovanju povlaštenim informacijama. Vlasničko tijelo može uspostaviti smjernice ili etičke kodekse za članove vlasničkog tijela i druge državne dužnosnike koji djeluju kao članovi nadzornog odbora poduzeća u državnom vlasništvu. Te bi smjernice ili etički kodeksi trebali opisati način na koji bi članovi nadzornog odbora trebali prenositi informacije državi. Usmjeravanje u smislu širih političkih ciljeva treba se provoditi kroz vlasničko tijelo te se iskazivati kroz ciljeve poduzeća, a ne nametati izravno kroz sudjelovanje u nadzornom odboru.

D. Izvršavanje vlasničkih prava treba biti jasno utvrđeno unutar državne uprave. Izvršavanje vlasničkih prava treba biti objedinjeno u jednom vlasničkom tijelu, a ako to nije moguće, to treba prepustiti koordinacijskom tijelu. To „vlasničko tijelo" trebalo bi imati sposobnost i kompetencije za učinkovito obavljanje svojih dužnosti.

Ključno je da se vlasničke ovlasti unutar državne uprave jasno definiraju, bilo da se radi o središnjem ministarstvu kao što su ministarstva financija ili gospodarstva, u zasebnom administrativnom tijelu ili u ministarstvu određenog sektora.

Da bi se postigla jasna definicija vlasničke ovlasti, ona mora biti objedinjena u jednom subjektu koji je neovisan ili pod nadležnosti jednog ministra. Taj pristup omogućuje definiranje vlasničke politike i njezin smjer, kao i dosljedniju primjenu. Objedinjavanje vlasničkih ovlasti također omogućuje osnaživanje i povezivanje relevantnih kompetencija organiziranjem „baze" stručnjaka za ključne teme, kao što su financijska izvješća ili imenovanje nadzornog odbora. Objedinjavanje na taj način može biti snažan poticaj u razvoju skupnih izvješća o vlasništvu države. Na kraju, objedinjavanje je i učinkovit način jasnog odvajanja ostvarivanja vlasničke funkcije od drugih aktivnosti države koje potencijalno predstavljaju sukob interesa, posebno reguliranje tržišta i industrijska politika, što je navedeno pod točkom III.A. Smjernica u nastavku.

Vlasničko tijelo trebalo bi imati potrebne sposobnosti i kompetencije za učinkovito izvršavanje svojih dužnosti te se držati službenih propisa i procedura u skladu s onima koja se primjenjuju na društva u kojima ostvaruje vlasnička prava države.

Ako vlasničke ovlasti nisu objedinjene, minimalni zahtjev je uspostavljanje snažnih koordinacijskih tijela u različitim povezanim odjelima državne uprave. Svako poduzeće u državnom vlasništvu tako ima jasne ovlasti i dobiva dosljedne upute u pogledu strateških smjernica ili zahtjeva za izvješćivanje. Koordinacijsko tijelo trebalo bi usklađivati i koordinirati radnje i prakse različitih organizacijskih dijelova u ministarstvima koja imaju ulogu vlasničkih tijela i osiguravati da se vlasničke odluke donose unificirano na razini cijele državne uprave. Isto tako, koordinacijsko tijelo trebalo bi biti odgovorno za uspostavljanje sveobuhvatne vlasničke politike, razvoj posebnih smjernica i ujednačenih postupaka u različitim ministarstvima. Uspostavljanje koordinacijskog tijela također može pomoći pri objedinjavanju nekih ključnih ovlasti kako bi se iskoristila određena stručna znanja i osigurala neovisnost od ministarstava određenih sektora. Na primjer, može biti korisno da koordinacijsko tijelo preuzme ovlasti imenovanja nadzornog odbora.

E. Vlasničko tijelo treba biti odgovorno mjerodavnim predstavničkim tijelima i imati jasno definirane odnose s mjerodavnim tijelima javne vlasti, uključujući vrhovne državne revizorske institucije.

Odnos vlasničkog tijela s ostalim državnim tijelima treba biti jasno definiran. Više državnih tijela, ministarstava ili državnih uprava može imati različite uloge u odnosu na ista poduzeća u državnom vlasništvu. Da bi se povećalo povjerenje javnosti u način na koji država upravlja vlasništvom poduzeća u državnom vlasništvu, važno je da su te različite uloge jasno definirane i pojašnjene javnosti. Na primjer, vlasničko tijelo treba održavati suradnju i stalan dijalog s vrhovnim revizijskim institucijama države odgovornima za reviziju poduzeća u državnom vlasništvu. Treba podržavati rad državne revizorske institucije i poduzimati odgovarajuće mjere na nalaze revizije.

Treba postojati jasna definicija odgovornosti za način na koji vlasničko tijelo upravlja državnim vlasništvom. Vlasničko tijelo trebalo bi, izravno ili neizravno, biti odgovorno prema tijelima koja predstavljaju interese javnosti, kao što je zakonodavstvo. Njegova odgovornost prema zakonodavnim tijelima trebala bi biti jasno definirana, kao i odgovornost samih poduzeća u državnom vlasništvu, te ona ne bi trebala biti umanjena odnosom izvješćivanja putem posrednika.

Odgovornost ne bi trebala biti ograničena na osiguravanje da ostvarivanje vlasničkih prava ne ometa ovlasti zakonodavnog tijela u pogledu proračunske politike. Vlasničko tijelo treba izvješćivati o svojim rezultatima u izvršavanju državnog vlasništva i postizanju ciljeva države u tom pogledu. Trebao bi pružiti kvantitativne i pouzdane podatke javnosti i njezinim predstavnicima o tome kako se poduzećima u državnom vlasništvu upravlja u interesu njihovih vlasnika. U slučaju ispitivanja u sudskim postupcima, pitanja povjerljivosti podataka trebaju se riješiti posebnim postupcima kao što su povjerljivi ili zatvoreni sastanci. Iako je općeprihvaćen kao koristan postupak, oblik, učestalost i sadržaj tih razgovora može se razlikovati ovisno o ustavnom pravu i različitim zakonodavnim tradicijama i ulogama.

Zahtjevi za odgovornošću ne bi trebali neopravdano ograničavati autonomiju vlasničkog tijela u izvršavanju svojih dužnosti. Na primjer, slučajevi u kojima vlasničko tijelo treba dobiti odobrenje zakonodavnog tijela *ex ante* trebaju biti ograničeni i povezani sa značajnim izmjenama cjelokupne vlasničke politike, značajnim promjenama u veličini državnog sektora i velikim transakcijama (investiranje ili dezinvestiranje). Općenito govoreći, vlasničko tijelo treba uživati određeni stupanj fleksibilnosti u odnosu na odgovorno ministarstvo, ako je primjenjivo, u načinu na koji se organizira i donosi odluke u pogledu procedura i procesa. Vlasničko tijelo također može uživati određeni stupanj proračunske autonomije koji omogućuje fleksibilnost u zapošljavanju, plaćanju i zadržavanju potrebnih stručnjaka, na primjer, kroz ugovore na određeno vrijeme ili zapošljavanja iz privatnog sektora.

F.   Država treba djelovati kao informirani i aktivni vlasnik i izvršavati svoja vlasnička prava u skladu s pravnim oblikom svakog poduzeća.

Da bi se izbjeglo nepotrebno političko uplitanje ili nedostatak nadzora zbog pasivnog izvršavanja državnog vlasništva, što dovodi do negativnih rezultata, važno je da se vlasničko tijelo posveti učinkovitom ostvarivanju vlasničkih prava. Država kao vlasnik obično bi se trebala postaviti kao bilo koji većinski dioničar kad je u položaju da ostvari značajan utjecaj na poduzeće te biti informiran i aktivan dioničar ako drži manjinski udio. Država treba ostvarivati svoja prava da bi zaštitila svoje vlasništvo i optimizirala njegovu vrijednost.

Osnovna prava dioničara uključuju sljedeće: (i) sudjelovanje i glasovanje na skupštinama dioničara; (ii) redovito i pravodobno pribavljanje relevantnih i dostatnih informacija o korporaciji; (iii) biranje i smjena članova nadzornog odbora; (iv) odobravanje izvanrednih transakcija; i (v) glasovanje o isplati dividendi i gašenju poduzeća. Vlasničko tijelo treba ostvarivati ta prava u potpunosti i razborito jer bi to omogućilo potreban utjecaj na poduzeća u državnom vlasništvu bez narušavanja svakodnevnog upravljanja njima. Učinkovitost i vjerodostojnost upravljanja poduzećima u državnom vlasništvu i nadzora nad njima u velikoj mjeri ovisi o mogućnosti vlasničkog tijela da svjesno iskoristi svoja prava kao dioničara i učinkovito izvršava vlasničke funkcije u poduzećima u državnom vlasništvu.

Vlasničko tijelo treba jedinstvene kompetencije i treba imati stručnjake s pravnim, financijskim, ekonomskim i upravljačkim vještinama koji su iskusni u izvršavanju fiducijarnih dužnosti. Ti stručnjaci trebaju imati jasnu predodžbu svojih uloga i dužnosti kao državnih službenika u odnosu na poduzeća u državnom vlasništvu. Osim toga, vlasničko tijelo treba uključivati kompetencije povezane s određenim obvezama koje neka poduzeća u državnom vlasništvu pod njegovim nadzorom moraju preuzeti u smislu pružanja javnih usluga. Isto tako, vlasničko bi tijelo trebalo imati mogućnost traženja vanjskih savjeta i sklapanje ugovora za neke aspekte vlasničke funkcije kako bi se vlasnička prava države što bolje provodila. Može, na primjer, koristiti usluge stručnjaka da u njegovo ime provodi vrednovanje, aktivni nadzor ili ovlašteno glasovanje ako se to smatra nužnim ili prikladnim. Upotreba kratkoročnih ugovora i upućivanja može biti korisna u tom pogledu.

Njezine glavne odgovornosti uključuju sljedeće:

1. Predstavljanje na glavnim skupštinama dioničara i učinkovito ostvarivanje prava glasovanja;

Država kao vlasnik treba ispuniti svoju fiducijarnu dužnost izvršavanjem prava glasovanja ili, u slučaju da ga ne ostvaruje, barem pojasniti zašto. Država se ne smije naći u položaju da ne odgovori na prijedloge predstavljene na glavnim skupštinama dioničara poduzeća u državnom vlasništvu. Važno je uspostaviti odgovarajuće procedure za predstavljanje države na glavnim skupštinama dioničara. To se postiže tako da se vlasničko tijelo jasno definira kao predstavnik udjela države.

Da bi država mogla izraziti svoje stavove o pitanjima koja su predstavljena za odobrenje na skupštinama dioničara, potrebno je da se vlasničko tijelo organizira da bi moglo predstaviti potkrijepljen stav o tim pitanjima i jasno ga predstaviti nadzornim odborima poduzeća u državnom vlasništvu na glavnim skupštinama dioničara.

2. Uspostavljanje strukturiranih i transparentnih postupaka imenovanja nadzornih odbora na temelju kompetencija u poduzećima u potpunom ili većinskom državnom vlasništvu, aktivno sudjelovanje u imenovanju nadzornih odbora svih poduzeća u državnom vlasništvu i doprinos raznolikosti nadzornih odbora;

Vlasničko tijelo treba osigurati da poduzeća u državnom vlasništvu imaju učinkovite i stručne nadzorne odbore koji dobro funkcioniraju zahvaljujući kombinaciji znanja potrebnih za ispunjavanje svojih dužnosti. To uključuje uspostavljanje strukturiranog postupka imenovanja i preuzimanje aktivne uloge u tom postupku. To se može omogućiti tako da se vlasničkom tijelu dodijeli isključiva odgovornosti za organiziranje sudjelovanje države u postupku imenovanja.

Imenovanje nadzornih odbora poduzeća u državnom vlasništvu treba biti transparentno i jasno strukturirano te se temeljiti na procjeni potrebnih vještina, znanja i iskustva. Zahtjevi razine stručnosti i iskustva trebaju proizlaziti iz vrednovanja postojećeg nadzornog odbora i potreba povezanim s dugoročnom strategijom poduzeća. U tim se vrednovanjima također treba uzeti u obzir zastupljenost zaposlenika u nadzornom odboru ako je to propisano zakonom ili zajedničkim sporazumima. Ako se imenovanja temelje na tim izričitim zahtjevima razine stručnosti i vrednovanjima, vjerojatnije je da će nadzorni odbori biti stručniji, odgovorniji i usmjereniji na poslovanje.

Nadzorni odbori poduzeća u državnom vlasništvu također mogu davati preporuke vlasničkom tijelu u vezi s profilima odobrenih članova nadzornog odbora, potrebnim vještinama i vrednovanjima članova nadzornog odbora. Preporučuje se postavljanje odbora za imenovanje, što omogućuje traženje odgovarajućih kandidata i dodatno strukturiranje postupka imenovanja. U nekim se zemljama smatra dobrom praksom osnivanje specijaliziranog povjerenstva ili „javnog odbora" koji nadgleda imenovanje u nadzorne odbore poduzeća u državnom vlasništvu. Iako takva povjerenstva ili javni odbori imaju samo ovlasti za donošenje preporuka, oni mogu značajno utjecati u praksi na povećavanje neovisnosti i profesionalnih standarda nadzornih odbora poduzeća u državnom vlasništvu. Predložena imenovanja trebaju se objaviti unaprijed na glavnoj skupštini dioničara, kao i odgovarajuće informacije o profesionalnom iskustvu i stručnosti kandidata.

Isto tako, vlasničko tijelo može održavati bazu podataka o kvalificiranim kandidatima koju će graditi na otvorenom postupku natjecanja. Upotreba agencija za zapošljavanje ili međunarodnih oglasa može poboljšati kvalitetu postupka traženja. Ti postupci mogu proširiti bazu kvalificiranih kandidata za nadzorne odbore poduzeća u državnom vlasništvu, posebno u pogledu stručnjaka iz privatnog sektora i međunarodnog iskustva. Taj postupak također može doprinijeti raznolikosti nadzornog odbora, uključujući i spolnu raznolikost.

Vlasničko tijelo trebalo bi uzeti u obzir *OECD-ove preporuke za ravnopravnost spolova u obrazovanju, na radu i u poduzetništvu*. One preporučuju da jurisdikcije potiču mjere kao što su dobrovoljni ciljevi, zahtjevi za objavu i privatne inicijative koji promiču spolnu raznolikost u nadzornim odborima i u višem rukovodstvu uvrštenih društava te uzimaju u obzir troškove i prednosti drugih pristupa kao što su kvote u nadzornim odborima. Ako poduzeća u državnom vlasništvu koja pružaju javne usluge, primjenjuju se i preporuke u vezi ravnopravnosti spolova u javnom sektoru. Prema tim preporukama nadležna tijela trebaju poduzeti mjere koje uključuju uvođenje mehanizama koji poboljšavaju rodnu ravnotežu na vodećim pozicijama u javnom sektoru, kao što su zahtjevi za objavu, postavljanje ciljeva ili kvote za žene na rukovodećim položajima.

3. Postavljanje i praćenje primjene širokih ovlasti i ciljeva za poduzeća u državnom vlasništvu, uključujući financijske ciljeve, ciljeve strukture kapitala i razine prihvatljivog rizika;

Kao što je prethodno navedeno, država kao aktivan vlasnik treba definirati i objaviti široke ovlasti i ciljeve za poduzeća u potpunom državnom vlasništvu. Ako država nije jedini vlasnik poduzeća u državnom vlasništvu, obično nije u položaju da daje službene „naloge" za ispunjavanje određenih ciljeva, već bi trebala izražavati svoja očekivanja putem standardnih kanala kao vlasnik značajnog udjela.

Ovlasti poduzeća u državnom vlasništvu sažeti su dokumenti koji pružaju kratki pregled najvažnijih dugoročnih ciljeva poduzeća u državnom vlasništvu, u skladu s postojećim obrazloženjem državnog vlasništva u poduzeću. Ovlasti se obično definiraju glavnom djelatnošću poduzeća u državnom vlasništvu i ukazuju na njegove glavne ekonomske ciljeve i, prema potrebi, ciljeve javnih politika. Na primjer, država na sljedeći način može definirati ovlasti pružatelja poštanskih usluga u državnom vlasništvu: „Vođenje nacionalne poštanske službe na samoodrživ način i pružanje ujednačene usluge po pristupačnim cijenama kako bi se zadovoljile potrebe domaćeg stanovništva." Jasno definirane ovlasti omogućuju odgovarajuću razinu odgovornosti na razini poduzeća te mogu ograničiti nepredviđene promjene u poslovanju poduzeća u državnom vlasništvu, kao što su jednokratne obveze koje nameće država, a mogu ugroziti tržišnu održivost poduzeća u državnom vlasništvu. One također pružaju okvir koji državi omogućuje definiranje kratkoročnijih ciljeva poduzeća u državnom vlasništvu te praćenje njihova ispunjavanja.

Osim definiranja širokih ovlasti poduzeća u državnom vlasništvu, vlasničko tijelo trebalo bi poduzećima u državnom vlasništvu prenijeti i konkretne ciljeve financijskih, operativnih i nefinancijskih rezultata te redovito nadzirati njihovo provođenje. To onemogućuje preveliku autonomiju poduzeća u državnom vlasništvu imaju prilikom postavljanja ciljeva ili definiranja prirode i opsega njihovih obveza pružanja javne usluge. Ciljevi mogu uključivati izbjegavanje poremećaja na tržištu i stjecanje dobiti, a mogu biti u obliku određenih ciljeva, kao što su ciljevi stope povrata, politika isplate dividendi i smjernice za procjenu prikladnosti strukture kapitala. Postavljanje ciljeva može uključivati kompromise, na primjer, između vrijednosti dioničara, kapaciteta za dugoročno ulaganje, obveza pružanja javne usluge i čak sigurnosti radnih mjesta. Država bi stoga trebala otići korak dalje od definiranja glavnih ciljeva kao vlasnik; trebala bi također navesti svoje prioritete i pojasniti kako postupati s postojećim kompromisima. Država bi pritom trebala izbjegavati uplitanje u operativna pitanja i poštovati neovisnost nadzornog odbora.

4. Postavljanje sustava izvješćivanja koji vlasničkom tijelu omogućuju redoviti nadzor, reviziju i procjenu rezultata poduzeća u državnom vlasništvu te nadgledanje i nadzor usklađenosti s primjenjivim standardima korporativnog upravljanja;

Da bi vlasničko tijelo moglo donositi informirane odluke o ključnim korporativnim pitanjima, treba osigurati da na vrijeme dobije sve potrebne i relevantne informacije. Isto tako, vlasničko tijelo trebalo bi uspostaviti sredstva koja omogućuju stalni nadzor aktivnosti i rezultata poduzeća u državnom vlasništvu. Vlasničko tijelo treba osigurati da sva poduzeća u državnom vlasništvu imaju odgovarajuće vanjske sustave izvješćivanja. Sustavi izvješćivanja trebaju vlasničkom tijelu pružiti uvid u rezultate ili financijsko stanje poduzeća u državnom vlasništvu, što mu omogućuje pravodobnu reakciju i selektivnost u intervencijama.

Vlasničko tijelo treba razviti odgovarajuća alate i odabrati odgovarajuće metode vrednovanja za nadzor rezultata poduzeća u državnom vlasništvu na temelju njihovih utvrđenih ciljeva. U tome mu može pomoći razvoj sustavnog vrednovanja rezultata poduzeća u državnom vlasništvu, sa subjektima iz privatnog i javnog sektora, kako na domaćem tržištu, tako i u inozemstvu. Za poduzeća u državnom vlasništvu koja nemaju subjekt u odnosu na koji se mogu vrednovati ukupni rezultati mogu se uspoređivati određeni elementi njihovog poslovanja i rezultata. To bi vrednovanje trebalo obuhvatiti produktivnost i učinkovito iskorištavanje radne snage, imovine i kapitala. Vrednovanje je posebno važno za poduzeća u državnom vlasništvu u sektorima u kojima nemaju konkurenciju. Ono poduzećima u državnom vlasništvu, vlasničkom tijelu i široj javnosti omogućuje bolju procjenu rezultata poduzeća u državnom vlasništvu i njegova razvoja.

Učinkovit nadzor rezultata poduzeća u državnom vlasništvu može se omogućiti odgovarajućom razinom stručnosti u području računovodstva i revizije unutar vlasničkog tijela, što omogućuje odgovarajuću komunikaciju s odgovarajućim službama, kako s financijskim službama poduzeća u državnom vlasništvu i internom revizijom, tako i s određenim državnim kontrolorima. Vlasničko tijelo treba zahtijevati da nadzorni odbori poduzeća u državnom vlasništvu uspostave odgovarajuće unutarnje kontrole, mjere za etiku i praćenje usklađenosti koje omogućuju prepoznavanje i sprečavanje kršenja zakona.

5. Razvoj politike objavljivanja za poduzeća u državnom vlasništvu koja definira koje se informacije trebaju javno objaviti, odgovarajuće kanale za objavljivanje i mehanizme za osiguranje kvalitete informacija;

Da bi se osigurala odgovarajuća razina odgovornosti poduzeća u državnom vlasništvu prema dioničarima, tijelima za izvještavanje i široj javnosti, država kao vlasnik treba razviti i objaviti dosljednu politiku transparentnosti i objavljivanja za poduzeća u svom vlasništvu. U politici objavljivanja treba biti istaknuto da poduzeća u državnom vlasništvu trebaju objaviti bitne informacije. Razvoj politike objavljivanja treba se temeljiti na detaljnom preispitivanju postojećih pravnih i regulatornih zahtjeva primjenjivih na poduzeća u državnom vlasništvu, kao i na pronalaženju odstupanja u zahtjevima i praksama u odnosu na dobru praksu i nacionalne zahtjeve za uvrštavanje na burzu. Na temelju tog postupka preispitivanja država može razmotriti niz mjera za poboljšavanje postojećeg okvira za transparentnost i objavljivanje, kao što je predlaganje izmjena i dopuna pravnog i regulatornog okvira ili proširivanje određenih smjernica, načela ili kodeksa radi poboljšanja praksi na razini poduzeća. Postupak bi trebao uključivati strukturirano savjetovanje s nadzornim odborima i upravama poduzeća u državnom vlasništvu, kao i s regulatorima, članovima zakonodavnih tijela i ostalim relevantnim dionicima.

Vlasničko tijelo treba otvoreno i učinkovito predstaviti okvir za transparentnost i objavljivanje za poduzeća u državnom vlasništvu, kao i poticati provođenje i osigurati kvalitetu informacija na razini poduzeća. Primjeri takvih mehanizama uključuju sljedeće: razvoj priručnika sa smjernicama i seminara za osposobljavanja za poduzeća u državnom vlasništvu; posebne inicijative kao što su nagrade za uspješnost koje poduzećima u državnom vlasništvu daju priznanje za visoku kvalitetu postupaka objavljivanja; i mehanizme praćenja, vrednovanja i izvješćivanja o ispunjavanju zahtjeva za objavljivanje poduzeća u državnom vlasništvu.

6. Kad je to primjereno i dozvoljeno pravnim sustavom i razinom vlasništva države, održavanje kontinuiranog dijaloga s vanjskim revizorima i posebnim tijelima državne kontrole;

Nacionalna zakonodavstva razlikuju se u pogledu komunikacije s vanjskim revizorima. U nekim jurisdikcijama to je u ovlasti nadzornog odbora. U drugima, u slučaju poduzeća u potpunom državnom vlasništvu, očekuje se da vlasnička funkcija kao jedini predstavnik na godišnjoj glavnoj skupštini vodi komunikaciju s vanjskim revizorima. U tom slučaju vlasničko tijelo treba imati potrebne sposobnosti, uključujući izvrsno poznavanje financijskog računovodstva, za ispunjavanje te funkcije. Ovisno o zakonodavstvu vlasničko tijelo ima pravo da na godišnjoj skupštini dioničara imenuje i čak postavlja vanjske revizore. U pogledu poduzeća u potpunom državnom vlasništvu vlasničko tijelo treba održavati stalan dijalog s vanjskim revizorima, kao i s određenim državnim kontrolorima, ako oni postoje. Taj stalan dijalog može biti u obliku redovite razmjene informacija, sastanaka ili rasprava kad se pojave određeni problemi. Vanjski revizori daju vlasničkom tijelu neovisno i potkrijepljeno gledište na rezultate i financijsku situaciju poduzeća u državnom vlasništvu. No, stalan dijalog vlasničkog tijela s vanjskim revizorima i državnim kontrolorim ne bi trebao umanjiti odgovornost nadzornog odbora.

Kad su poduzeća u djelomičnom državnom vlasništvu ili se njima javno trguje, vlasničko tijelo mora poštovati prava manjinskih dioničara i pravila pravednog postupanja prema njima. Dijalog s vanjskim revizorima ne smije vlasničkom tijelu omogućiti pristup povlaštenim informacijama i treba poštovati propise u vezi s povlaštenim i povjerljivim informacijama.

7. Uspostavljanje jasne politike naknada za nadzorne odbore poduzeća u državnom vlasništvu koja promiče dugoročni i srednjoročni interes poduzeća i može privući i motivirati kvalificirane stručnjake.

Postoje snažni argumenti za usklađivanje naknada za članove nadzornog odbora poduzeća u državnom vlasništvu s onima u privatnom sektoru. Za poduzeća u državnom vlasništvu s pretežno ekonomskim ciljevima koji posluju u konkurentnom okruženju visine naknada članova nadzornog odbora trebale bi odražavati tržišne uvjete u mjeri u kojoj je to nužno za privlačenje i zadržavanje visoko kvalificiranih članova nadzornog odbora. No potrebno je i poduzeti mjere za učinkovito nošenje s mogućim negativnim reakcijama protiv poduzeća u društvenom vlasništvu i vlasničkog tijela uslijed negativne percepcije javnosti zbog previsokih naknada za nadzorni odbor. To može predstavljati izazov pri privlačenju vrhunskih stručnjaka u nadzorne odbore poduzeća u društvenom vlasništvu iako se drugi čimbenici kao što su ugled, prestiž i pristup poslovnoj mreži ponekad smatraju nezanemarivim aspektom određivanja naknada za nadzorni odbor.

NAPOMENE UZ POGLAVLJE III.: PODUZEĆA U DRŽAVNOM VLASNIŠTVU NA TRŽIŠTU

U skladu s obrazloženjem za državno vlasništvo, pravni i regulatorni okvir za poduzeća u državnom vlasništvu treba osigurati ravnopravne uvjete i poštenu konkurenciju na tržištu kada poduzeća u državnom vlasništvu obavljaju gospodarske aktivnosti.

Kad poduzeća u državnom vlasništvu obavljaju gospodarske aktivnosti, opće je prihvaćeno da za provođenje tih aktivnosti nije dopušten pretjerano povoljan ili nepovoljan položaj u odnosu na druga poduzeća u državnom vlasništvu ili privatna poduzeća. No nije postignuta suglasnost o tome kako postići ravnopravne uvjete u praksi, posebno ako poduzeća u državnom vlasništvu kombiniraju svoje gospodarske aktivnosti s ozbiljnim ciljevima javne politike. Osim specifičnih izazova, kao što su osiguravanje jednakog postupanja u financijskim, regulatornim i poreznim pitanjima do većih pitanja, uključujući definiranje troška javnih usluga i, ako je izvedivo, razdvajanje gospodarskih aktivnosti od ciljeva javne politike. OECD-ova publikacija (2012.) *Neutralnost tržišnog natjecanja: Održavanje ravnopravnih uvjeta između javnog i privatnog poslovanja*, koje sadrži najbolje prakse iz članica OECD-a, može poslužiti kao primjer za regulatore i tvorce politika.

A. Treba postojati jasna odvojenost između funkcije državnog vlasništva i ostalih državnih funkcija koje mogu utjecati na uvjete poduzeća u državnom vlasništvu, posebice u pogledu regulacije tržišta.

Kad država ima ulogu regulatora tržišta i vlasnika poduzeća u državnom vlasništvu u gospodarskim djelatnostima (npr. u nedavno dereguliranim i obično djelomično privatiziranim mrežnim industrijama), država istovremeno djeluje kao glavni sudionik na tržištu i posrednik. To može dovesti do sukoba interesa koji nisu u interesu poduzeća, države ni javnosti. Potpuno administrativno i pravno odvajanje odgovornosti za vlasničku funkciju i regulaciju tržišta osnovni je preduvjet za stvaranje ravnopravnih uvjeta za poduzeća u državnom vlasništvu i privatna društva i za izbjegavanje narušavanja tržišnog natjecanja. To se odvajanje zagovara i u *OECD-ovim načelima regulatorne reforme*.

Još je jedan važan primjer kad poduzeća u državnom vlasništvu služe kao pogonski stroj za ciljeve javne politike, kao što je provođenje industrijske politike. U tim slučajevima, kad vlasničke funkcije i oblikovanja politika nisu odvojene, mogu nastati problemi iz niza razloga koji su navedeni u Smjernicama te može lako dovesti do nejasnih ciljeva i sukoba interesa između grana državne vlasti. Odvajanje industrijske politike i vlasništva ne treba spriječiti nužnu suradnju između mjerodavnih tijela, a pridonosi definiranju države kao vlasnika i daje prednost transparentnosti u definiranju ciljeva i praćenja rezultata.

Da bi se izbjegli sukobi interesa, nužno je jasno odvojiti vlasničku funkciju od subjekata unutar državne uprave koji bi mogli biti klijenti ili glavni dobavljači poduzeća u državnom vlasništvu. Potrebno je ukloniti zakonodavne i nezakonodavne prepreke poštenim postupcima nabave. Pri učinkovitom provođenju odvajanja između različitih uloga države u odnosu na poduzeća u državnom vlasništvu potrebno je uzeti u obzir moguće i stvarne sukobe interesa.

B. Dionici i druge zainteresirane strane, uključujući vjerovnike i konkurente, trebaju imati pristup učinkovitoj pravnoj zaštiti kroz nepristrane pravne ili arbitražne postupke kada smatraju da su njihova prava povrijeđena.

Poduzeća u državnom vlasništvu i država kao dioničar ne bi trebali biti zaštićeni od osporavanja na sudu u slučaju optužbi za kršenje zakona ili nepoštovanje ugovornih obveza. Dionici trebaju imati mogućnost podizanja tužbe za osporavanje protiv poduzeća u državnom vlasništvu i države kao vlasnika pred različitim sudovima te u tim slučajevima zaslužuju pošteno i pravično postupanje pravosudnog sustava. To bi im trebalo biti omogućeno bez straha od negativne reakcije državnih vlasti koje imaju vlasničko pravo nad poduzećem u državnom vlasništvu koje je predmet spora.

C. Ako poduzeća u državnom vlasništvu kombiniraju gospodarske aktivnosti i ciljeve javne politike, potrebno je održavati visoke standarde transparentnosti i objavljivanja u vezi sa strukturom troškova i prihoda, što omogućuje pripisivanje područjima glavnih aktivnosti.

Ako poduzeća u državnom vlasništvu kombiniraju gospodarske aktivnosti i ciljeve javne politike, strukturno odvajanje tih aktivnosti, ako je izvedivo i ekonomski učinkovito, može olakšati definiranje, troškove i financiranje ciljeva javne politike. Strukturno odvajanje podrazumijeva razdvajanje prethodno integriranog subjekta na gospodarske aktivnosti i dijelove koji provode ciljeve javne politike. Postoje različite razine odvajanja, od računovodstvenog, funkcionalnog do korporativnog odvajanja. No, potrebno je naglasiti da ovisno o čimbenicima proizvodnje pojedinih poduzeća u državnom vlasništvu, uključujući tehnologiju, kapitalnu opremu i ljudski kapital, odvajanje nije uvijek izvedivo, a ukoliko je izvedivo, ponekad nije ekonomski učinkovito.

Gospodarske aktivnosti subjekata koje ostaju integrirane s ostalim dijelovima javnog sektora obično dijele iste troškove i/ili imovinu i obveze. Osiguravanje ravnopravnih uvjeta tada prvenstveno zahtijeva visoku razinu transparentnosti i objavljivanja u vezi sa strukturom troškova. To je posebno istaknuto kad ciljevi javne politike poduzeća u državnom vlasništvu podliježu državnim subvencijama ili drugim povlaštenim postupanjima. Zatim je potrebno odvojiti troškove i imovinu na računima koji odgovaraju gospodarskim aktivnostima i ciljevima javne politike. Ta su nastojanja bila predmet donošenja međunarodnih propisa. Odvajanje gospodarskih aktivnosti i ciljeva javne politike također omogućuje izbjegavanje unakrsnog subvencioniranja dvije vrste aktivnosti što dovodi do poremećaja na tržištu.

D. Država treba financirati i objaviti troškove povezane s ciljevima javne politike.

Da bi se osigurali ravnopravni uvjeti s konkurencijom u privatnom sektoru, poduzeća u državnom vlasništvu trebaju dobiti odgovarajuću naknadu za postizanje ciljeva javne politike te se moraju poduzeti mjere za izbjegavanje previsokih ili preniskih naknada. S jedne strane, ako poduzeća u državnom vlasništvu dobivaju previsoku naknadu za svoje aktivnosti provedbe javne politike, to može biti isplativa potpora za njihove konkurentne aktivnosti, što narušava ravnopravne uvjete s konkurencijom u privatnom sektoru. S druge strane, preniske naknade za aktivnosti provedbe javne politike može ugroziti održivost poduzeća.

Stoga je važno da država na temelju pravnih odredbi i/ili ugovornih mehanizama, kao što su ugovori o upravljanju ili uslugama, jasno definira, objavi i dodijeli odgovarajuću naknadu za sve troškove povezane s ispunjavanjem ciljeva javne politike. Potrebno je objaviti i povezane aranžmane financiranja. Naknada bi trebala biti strukturirana na način kojim se izbjegavaju poremećaji na tržištu. To se posebno odnosi na poduzeća koja uz gospodarske aktivnosti provode ciljeve javne politike. Ako poduzeća u državnom vlasništvu ostvaruju dobit, naknada može biti u obliku prihoda od dividendi kojeg se država odrekla, što odgovara učinku potpore, ali bez obzira na oblik naknade, ona treba biti definirana i opravdana. Važno je da naknada isplaćena poduzećima u državnom vlasništvu odgovara stvarnim troškovima provođenja dobro definiranih ciljeva javne politike i da se ne koristi za kompenzaciju financijskih ili operativnih neučinkovitosti. Financiranje i provođenje ciljeva javne politike također je potrebno nadzirati i vrednovati putem sustava nadzora ukupnih rezultata.

E. Kao vodeće načelo, poduzeća u državnom vlasništvu koja obavljaju gospodarske aktivnosti ne trebaju biti izuzeta od primjene općih zakona, poreznih zakona i propisa. Zakoni i propisi ne smiju neopravdano diskriminirati poduzeća u državnom vlasništvu i njihovu konkurenciju. Pravni

oblik poduzeća u državnom vlasništvu treba omogućiti vjerovnicima da traže svoja potraživanja i pokrenu postupke u slučaju insolventnosti.

Iako su u nekim zemljama poduzeća u državnom vlasništvu izuzeta od određenih zakona i propisa (npr. zakoni o porezu, konkurentnosti i stečaju, kao i propisi o zoniranju i građevinski propisi), neka se izuzeća trebaju općenito izbjegavati; ako ona postoje, trebaju biti ograničena i transparentna, a poduzeća u državnom vlasništvu, u mjeri u kojoj je to moguće, trebaju biti u skladu s politikama na kojima se temelje ti zakoni i propisi. Državno vlasničko tijelo ili pojedina poduzeća u državnom vlasništvu trebaju objaviti sve iznimke od provedbe općih zakona ili propisa koja poduzeće u državnom vlasništvu dovode u povlašten položaj ili utječu na javnu sigurnost.

Poduzeća u državnom vlasništvu i njihovi konkurenti u privatnom sektoru trebaju biti ravnopravni, što uključuje nacionalna pravila o postupanju i tržišnom pristupu. To uključuje provedbu *OECD-ove deklaracije o međunarodnim ulaganjima i multinacionalnim poduzećima* i *OECD-ovih kodeksa za liberalizaciju*, ako je primjenjivo.

F.   Gospodarske aktivnosti poduzeća u državnom vlasništvu trebaju imati uvjete u skladu s tržištem u pogledu pristupa financiranju duga i kapitala.

Bilo da sredstva za financiranje gospodarskih aktivnosti poduzeća u državnom vlasništvu dolaze iz državnog proračuna ili s komercijalnog tržišta, potrebno je uvesti mjere koje osiguravaju da su uvjeti financiranja duga i kapitala u skladu s tržištem.

To se posebno odnosi na sljedeće:

1. Odnosi poduzeća u državnom vlasništvu sa svim financijskim institucijama, kao i s nefinancijskim poduzećima u državnom vlasništvu, trebaju biti isključivo na tržišnoj osnovi.

Vjerovnici ponekad pretpostavljaju da za dugove poduzeća u državnom vlasništvu postoji implicitno jamstvo države. To je u brojnim slučajevima dovelo do umjetnog snižavanja troškova financiranja i poremećaja na tržištu. Nadalje, u zemljama u kojima su financijske institucije u državnom vlasništvu glavni vjerovnici poduzeća u državnom vlasništvu koja obavljaju gospodarske aktivnosti postoji veća vjerojatnost za sukobe interesa. Oslanjanje na financijske institucije u državnom vlasništvu može zaštititi poduzeća u državnom vlasništvu od glavnog izvora nadzora tržišta i pritiska te tako poremetiti njihovu strukturu poticaja i dovesti do prekomjernog zaduživanja, gubitka resursa i poremećaja tržišta.

Nužno je jasno razlikovati obveze države i obveze poduzeća u državnom vlasništvu prema vjerovnicima. Potrebno je razviti mehanizme za rješavanje sukoba interesa i osigurati da poduzeća u državnom vlasništvu razviju odnose s bankama u državnom vlasništvu, drugim financijskim institucijama, kao i s drugim poduzećima u državnom vlasništvu isključivo na tržišnoj osnovi. Banke u državnom vlasništvu trebaju odobravati kredite poduzećima u državnom vlasništvu uz iste uvjete i odredbe kao za privatna društva. Ti mehanizmi također mogu uključivati ograničenja i temeljitu provjeru članova nadzornog odbora poduzeća u državnom vlasništvu koji sjede u nadzornim odborima banaka u državnom vlasništvu.

U slučajevima u kojima država produljuje jamstva poduzećima u državnom vlasništvu kako bi nadoknadila to što im ne može odobriti vlasnički kapital može doći do dodatnih problema. Kao opće načelo, država ne bi trebala davati automatsko jamstvo za obveze poduzeća u državnom vlasništvu. Potrebno je razviti i poštenu praksu u pogledu objavljivanja i naknada za državno jamstvo, a poduzeća u državnom vlasništvu treba poticati da se financiraju na tržištima kapitala. U pogledu komercijalnih zajmodavaca, država bi se za sve sudionike na tržištu trebala jasno izjasniti da ne jamči za dugove poduzeća u državnom vlasništvu. Isto tako, trebala bi razmisliti o mehanizmima kojima bi se poduzećima u državnom vlasništvu, koja imaju niže troškove financiranja od privatnih društava u sličnim okolnostima, naložilo plaćanje naknada u državnu blagajnu.

2. Gospodarske aktivnosti poduzeća u državnom vlasništvu ne smiju imati koristi od bilo kakve neizravne financijske potpore koja daje prednost nad privatnim konkurentima, poput povlaštenog financiranja, poreznih dugova ili povlaštenih trgovinskih kredita od ostalih poduzeća u državnom vlasništvu. Gospodarske aktivnosti poduzeća u državnom vlasništvu ne smiju primati izvore (poput energije, vode ili zemlje) po cijenama ili uvjetima povoljnijim od onih koji su dostupni privatnim konkurentima.

Da bi se osigurali ravnopravni uvjeti, poduzeća u državnom vlasništvu trebaju podlijegati istom poreznom tretmanu kao privatni konkurenti u sličnim okolnostima. Osim gore navedenih točaka, poduzeća u državnom vlasništvu ne bi trebala očekivati da mogu iskoristiti svoju bliskost s državom za neplaćanje poreznih dugova ili blaže provođenje poreznih pravila.

Poduzeća u državnom vlasništvu obično nemaju koristi od „izvantržišnih" aranžmana financiranja drugih poduzeća u državnom vlasništvu, kao što su trgovački krediti. Ti aranžmani, osim kad su potpuno u skladu s uobičajenom korporativnom praksom, dovode do povlaštenih zajmova. Država bi trebala provoditi mjere kako bi osigurala da se transakcije između poduzeća u državnom vlasništvu odvijaju isključivo u tržišnim uvjetima.

3. Gospodarske aktivnosti poduzeća u državnom vlasništvu trebale bi ostvarivati stope povrata koje su, uzimajući u obzir njihove operativne uvjete, u skladu s onima dobivenim od strane konkurentskih privatnih poduzeća.

Gospodarske aktivnosti poduzeća u državnom vlasništvu trebale bi ostvarivati stope povrata koje su, dugoročno, usporedive sa stopama konkurentskih poduzeća. Stope povrata trebaju se promatrati kroz duže razdoblje jer se i među privatnim društvima koja posluju u vrlo konkurentnom okruženju stope povrata mogu kratkoročno i srednjoročno bitno razlikovati. Nadalje, financiranje kapitala iz državnog proračuna podliježe zahtjevu minimalne potrebne stope povrata u skladu s društvima u privatnom sektoru u sličnim okolnostima. Brojne države dopuštaju da niža stopa povrata kompenzira odstupanja u bilanci, kao što je privremena potreba za velikom potrošnjom kapitala. To je uobičajeno i u drugim dijelovima korporativnog sektora, a ako je dobro uravnoteženo, ne ukazuje na odstupanje od prakse koja omogućuje održavanje ravnopravnih uvjeta. S druge strane, neke države obično smanjuju zahtjeve za stopu povrata da bi poduzeća u državnom vlasništvu dobila naknadu za ciljeve javne politike koji su im dodijeljeni. To nije dobra praksa jer se za ovu vrstu cilja, kao što je već navedeno u ovim Smjernicama, treba dodjeljivati zasebnu naknadu koja je usko povezana sa stvarnim troškom ciljeva javne politike.

G. Kada se poduzeća u državnom vlasništvu uključe u javnu nabavu, bilo kao ponuditelj ili naručitelj, ti postupci trebaju biti konkurentni, nediskriminirajući i zaštićeni odgovarajućim standardima transparentnosti.

Sudjelovanje poduzeća u državnom vlasništvu u postupcima javne nabave problematično je područje za države koje nastoje osigurati ravnopravne uvjete. Osmišljavanje sustava natječaja koji ne pogoduju nijednoj kategoriji ponuditelja je jednostavno te je ugrađeno u zakonodavni okvir sve većeg broja jurisdikcija. No njihova provedba nije jednostavna. U nekim zemljama ta pravila mogu biti ograničena na nabavu opće države, dok se u drugima mogu odnositi i na nabavu poduzeća u državnom vlasništvu. Kada se poduzeća u državnom vlasništvu uključe u javnu nabavu, bilo kao ponuditelj ili naručitelj, ti postupci trebaju biti transparentni, konkurentni, nediskriminirajući i zaštićeni odgovarajućim standardima transparentnosti. Općenito govoreći, aktivnosti poduzeća u državnom vlasništvu mogu se podijeliti na dva dijela: aktivnosti koje služe za komercijalnu prodaju ili preprodaju te aktivnosti kojima se ispunjavaju državne potrebe. U slučajevima u kojima poduzeće u državnom vlasništvu ispunjava državne potrebe, odnosno u mjeri u kojoj određena aktivnost omogućuje poduzeću u državnom vlasništvu da ispuni te potrebe, poduzeće u državnom vlasništvu treba usvojiti smjernice za javnu nabavu koje osiguravaju ravnopravne uvjete za sve konkurentne, bili oni u vlasništvu države ili ne. Državni monopoli trebali bi se držati istih pravila za nabavu koja se odnose na javni sektor.

NAPOMENE UZ POGLAVLJE IV.: PRAVIČNO POSTUPANJE PREMA DIONIČARIMA I DRUGIM ULAGATELJIMA

Ako su poduzeća u državnom vlasništvu uvrštena ili njihovi vlasnici na neki drugi način uključuju nedržavne ulagatelje, država i poduzeća trebaju priznati prava svih dioničara i osigurati pravično postupanje prema dioničarima i jednak pristup korporativnim informacijama.

U interesu je države da osigura pravično postupanje prema svim dioničarima u svim poduzećima u kojima država ima udio. Ugled države u tom pogledu utječe na sposobnost poduzeća u državnom vlasništvu da privuče vanjska sredstva i na vrednovanje poduzeća. Država bi se stoga trebala pobrinuti da je drugi dioničari ne doživljavaju kao netransparentnog, nepredvidivog i nepoštenog vlasnika. Država bi se trebala postaviti kao primjer i slijediti najbolje prakse u pogledu postupanja prema dioničarima.

A. Država treba težiti ka punoj provedbi *OECD-ovih načela korporativnog upravljanja* kada nije jedini vlasnik poduzeća u državnom vlasništvu te svih relevantnih odjeljaka kada je jedini vlasnik poduzeća u državnom vlasništvu. U pogledu zaštite dioničara, to uključuje sljedeće:

1. Država i poduzeća u državnom vlasništvu trebaju osigurati pravično postupanje prema svim dioničarima.

Kad je dio kapitala poduzeća u državnom vlasništvu u rukama privatnih dioničara, institucija ili pojedinaca, država treba priznati njihova prava. Nedržavni dioničari trebali bi biti posebno zaštićeni od loših postupaka države kao vlasnika te trebaju imati pristup učinkovitoj pravnoj zaštiti. Trgovanje povlaštenim informacijama i zlouporaba položaja i ovlasti trebaju biti zabranjeni. Prava prvokupa i donošenje određenih odluka dioničara kvalificiranom većinom također mogu biti korisne *ex ante* mjere osiguravanja zaštite manjinskih dioničara. Potrebno je poduzeti posebne mjere za zaštitu dioničara u slučaju djelomične privatizacije poduzeća u državnom vlasništvu.

Država kao većinski dioničar u velikom broju slučajeva može donositi odluke na glavnim skupštinama dioničara bez sporazuma s drugim dioničarima. Obično je u položaju da odlučuje o sastavu nadzornog odbora. Iako je ta ovlast donošenja odluka legitimno pravo vlasnika, važno je da država ne zloupotrebljava svoju ulogu većinskog dioničara, na primjer, za postizanje ciljeva koji nisu u interesu poduzeća, odnosno koji su na štetu drugih dioničara. Neprimjerene transakcije s povezanim stranama, pristrane poslovne odluke ili promjene u strukturi kapitala koje pogoduju većinskim dioničarima predstavljaju zlouporabu.

Vlasničko tijelo treba uspostaviti smjernice u vezi s pravičnim postupanjem prema nedržavnim dioničarima. Treba se pobrinuti da pojedina poduzeća u državnom vlasništvu, a posebno njihovi nadzorni odbori, imaju jasnu predodžbu o važnosti odnosa s dioničarima te da ga aktivno promiču. Kad je država u položaju da preuzme veći stupanj kontrole od njezina udjela, tada može doći do zlouporaba. Upotreba zlatnih dionica treba biti ograničena na slučajeve u kojima je to nužno za zaštitu određenih javnih interesa, kao što je zaštita javne sigurnosti, i primjereno za postizanje tih ciljeva. Osim toga, državne uprave trebaju objaviti postojanje sporazuma dioničara i struktura kapitala koji dioničaru omogućuju veći stupanj kontrole nad korporacijom koji nije u skladu s udjelom dioničara u kapitalu poduzeća.

2. Poduzeća u državnom vlasništvu trebaju se pobrinuti za visok stupanj transparentnosti, što u pravilu uključuje jednako i istodobno objavljivanje informacija prema svim dioničarima.

Osiguravanje visokog stupnja transparentnosti ključan je preduvjet za zaštitu dioničara. U pravilu se važne informacije trebaju objaviti svim dioničarima da bi se osiguralo pravično postupanje. Nadalje, potrebno je objaviti sve sporazume dioničara, uključujući sporazume o informacijama koji obuhvaćaju članove nadzornog odbora.

Manjinski i drugi dioničari trebaju imati pristup svim potrebnim informacijama za donošenje kvalitetnih odluka o ulaganju. U međuvremenu većinski dioničari, uključujući vlasničko tijelo, ne bi smjeli zloupotrebljavati informacije do kojih mogu doći kao većinski dioničari ili članovi nadzornog odbora. U neuvrštenim poduzećima u državnom vlasništvu drugi dioničari obično su dobro poznati i imaju povlašten pristup informacijama, na primjer, kroz mjesta u nadzornom odboru. No, bez obzira na kvalitetu i cjelovitost pravnog i regulatornog okvira u vezi s objavljivanjem informacija, vlasničko tijelo treba osigurati da sva poduzeća u kojima država ima dionice uspostave mehanizme i postupke koji jamče jednostavan i jednak pristup informacijama svim dioničarima. U slučaju kad su poduzeća u državnom vlasništvu djelomično privatizirana, posebno treba pripaziti da država kao dioničar nema veću ulogu u donošenju korporativnih odluka ili veće pravo na pristup informacijama od onog koje joj njezin udio jamči.

3. Poduzeća u državnom vlasništvu trebaju razviti aktivnu politiku komunikacije i savjetovanja sa svim dioničarima.

Poduzeća u državnom vlasništvu, uključujući bilo koje poduzeće u kojem je država manjinski dioničar, trebaju utvrditi identitet svojih dioničara te ih propisno obavještavati na pravodoban i sustavan način o značajnim događajima i nadolazećim skupštinama dioničara. Isto tako, trebaju im pružiti dovoljno informacija o pitanjima o kojima će se raspravljati. Nadzorni odbori poduzeća u državnom vlasništvu odgovorni su za ispunjavanje obveza poduzeća prema dioničarima u pogledu pružanja informacija. Poduzeća u državnom vlasništvu bi pritom trebala ne samo primjenjivati postojeći pravni i regulatorni okvir, već ih se potiče da odu i korak dalje kad je to bitno za izgradnju vjerodostojnosti i povjerenja, izbjegavajući zahtjeve koji stvaraju preveliko opterećenje. Kad je to moguće, aktivno savjetovanje s manjinskim dioničarima omogućuje unapređenje postupka donošenja odluka i prihvaćanje ključnih odluka.

4. Sudjelovanje manjinskih dioničara na skupštinama dioničara treba se olakšati kako bi oni mogli sudjelovati u donošenju temeljnih korporativnih odluka, poput izbora nadzornog odbora.

Manjinski dioničari mogu biti zabrinuti zbog odluka koje se ne donose na skupštinama dioničara poduzeća u državnom vlasništvu li sjednicama nadzornog odbora. To za uvrštena društva sa značajnim ili većinskim udjelom predstavlja opravdan razlog za zabrinutost, ali može predstavljati problem i u društvima u kojima je država većinski dioničar. Država bi kao vlasnik trebala uvjeriti manjinske dioničare da se njihovi interesi uzimaju u obzir. U slučajevima u kojima može doći do sukoba interesa države i tih manjinskih dioničara, kao što su transakcije s povezanim stranama, treba razmisliti o uključivanju manjinskih dioničara u postupak odobravanja tih transakcija.

Pravo sudjelovanja na glavnim skupštinama dioničara osnovno je pravo dioničara. Da bi se manjinski dioničari potaknuli na aktivno sudjelovanje na glavnim skupštinama dioničara poduzeća u državnom vlasništvu i jednostavnije provodili svoja prava, poduzeća u državnom vlasništvu mogu usvojiti posebne mehanizme. Oni mogu uključivati donošenje određenih odluka dioničara kvalificiranom većinom i, u prikladnim okolnostima, upotrebu posebnih pravila za izbor, kao što je kumulativno glasovanje. Dodatne mjere mogu uključivati glasovanje u odsutnosti (*in absentia*) ili razvoj elektroničkih sredstava kako bi se smanjili troškovi sudjelovanja. Nadalje, sudjelovanje dioničara zaposlenika na glavnim skupštinama dioničara može se olakšati, na primjer, prikupljanjem ovlaštenih glasova dioničara zaposlenika.

Važno je da su posebni mehanizmi za zaštitu manjinskih udjela dobro uravnoteženi. Trebali bi pogodovati svim manjinskim dioničarima te u svakom pogledu biti u skladu s konceptom pravičnog postupanja. Isto tako, ne bi trebali onemogućivati državi kao većinskom dioničaru da koristi svoj legitimni utjecaj na odluke niti omogućivati manjinskim dioničarima neopravdano odgađanje postupka ponošenja odluka.

5. Transakcije između države i poduzeća u državnom vlasništvu i između poduzeća u državnom vlasništvu trebaju se odvijati pod tržišno usklađenim uvjetima.

Da bi se osiguralo pravično postupanje prema svim dioničarima, transakcije između države i poduzeća u državnom vlasništvu trebaju se odvijati pod istim uvjetima kao i za druge sudionike na tržištu. To je povezano s pitanjem zlouporabe transakcija s povezanim stranama, ali se razlikuje od tog pitanja jer su „povezane strane" šire definirane u slučaju državnog vlasništva. Preporučuje se da državna uprava osigura da sve transakcije poduzeća u državnom vlasništvu s državom i subjektima pod nadzorom države budu usklađenost s tržištem i, prema potrebi, ispita njihovu valjanost. Pitanje je nadalje povezano s obvezama nadzornog odbora, koje su navedene u Smjernicama, jer je zaštita svih dioničara jasno definirana dužnost odanosti članova nadzornog odbora prema poduzeću i njegovim dioničarima.

B.   Sva uvrštena poduzeća u državnom vlasništvu i, ako je to izvedivo, neuvrštena poduzeća u državnom vlasništvu trebaju se pridržavati nacionalnih kodeksa korporativnog upravljanja.

Većina zemalja imaju kodekse korporativnog upravljanja za poduzeća uvrštena na burzu. No, njihovi se mehanizmi provedbe uvelike razlikuju, od onih koji su tek savjetodavni, onih koji se provode na temelju načela „poštuj ili objasni" (provode ih regulatori za tržišta ili vrijednosne papire), do onih koji su obavezni. Osnovna pretpostavka Smjernica jest da poduzeća u državnom vlasništvu trebaju podlijegati standardima najbolje prakse upravljanja uvrštenih poduzeća. To podrazumijeva da bi uvrštena poduzeća u državnom vlasništvu , kao i ona neuvrštena trebala uvijek biti u skladu s nacionalnim kodeksom korporativnog upravljanja, bez obzira na to koliko je to obvezujuće.

C.   Ako poduzeća u državnom vlasništvu imaju obvezu provođenja ciljeva javne politike, nedržavni dioničari u svakom trenutku trebaju imati pristup odgovarajućim informacijama o tim ciljevima.

1.   Kao dio obveze održavanja visokog stupnja transparentnosti prema svim dioničarima, država treba osigurati da se važne informacije ciljevima javne politike koje ispunjava poduzeće u državnom vlasništvu trebaju objaviti nedržavnim

dioničarima. Relevantne informacije trebaju se objaviti svim dioničarima u vrijeme ulaganja te moraju biti dostupne tijekom cijelog razdoblja ulaganja.

D.   Kad se poduzeća u državnom vlasništvu uključe u projekte suradnje, poput zajedničkih ulaganja i javno-privatnog partnerstva, ugovorna strana treba osigurati pridržavanje ugovornih prava i pravodobno i objektivno rješavanje sporova.

Kad se poduzeća u državnom vlasništvu uključe u projekte suradnje s privatnim partnerima, potrebno je voditi računa da se poštuju ugovorna prava svih strana te osigurati učinkovite mehanizme pravne zaštite i/ili rješavanja sporova. Treba se pridržavati OECD-ovih preporuka, posebno *OECD-ovih načela za javno upravljanje javno-privatnim partnerstvima*, i, u odgovarajućim sektorima, *OECD-ovih načela za sudjelovanje privatnog sektora u infrastrukturi*. Jedna od ključnih preporuka iz ovih instrumenata jest da je potrebno voditi računa o nadzoru nad izravnim ili neizravnim fiskalnim rizicima za državu i upravljanju njima koji proizlaze iz javno-privatnih partnerstva ili drugih aranžmana u koje stupa poduzeće u državnom vlasništvu.

Nadalje, službeni sporazumi između države i privatnih partnera ili između poduzeća u državnom vlasništvu i privatnih partnera trebaju jasno definirati odgovornosti svih partnera u projektu u slučaju nepredviđenih događaja, a istovremeno trebaju omogućivati dovoljno fleksibilnosti za pregovaranje o ugovoru ako je to potrebno. Mehanizmi rješavanja sporova trebaju osigurati da se sporovi tijekom cijelog razdoblja trajanja projekta rješavaju pravedno i pravodobno ne dovodeći u pitanje druge pravne lijekove.

NAPOMENE UZ POGLAVLJE V.: ODNOSI S DIONICIMA I ODGOVORNO POSLOVANJE

Politika državnog vlasništva treba u potpunosti prepoznati odgovornosti poduzeća u državnom vlasništvu prema dionicima i zahtijevati da poduzeća u državnom vlasništvu izvještavaju o svojim odnosima s dionicima. Treba jasno navesti sva očekivanja države u pogledu odgovornog poslovanja poduzeća u državnom vlasništvu.

U nekim zemljama članicama OECD-a, pravni status, propisi ili zajednički sporazumi/ugovori omogućuju nekim dionicima određena prava u poduzećima u državnom vlasništvu. Neka poduzeća u državnom vlasništvu mogu imati jasne upravljačke strukture u pogledu prava koja se odobravaju dionicima, prvenstveno predstavnike zaposlenika na razini nadzornog odbora ili drugih prava savjetovanja / donošenja odluka za predstavnike zaposlenika i organizacije potrošača, kao što su savjetodavna vijeća.

Poduzeća u državnom vlasništvu trebaju razumjeti važnost odnosa dionika za stvaranje održivih i financijski stabilnih poduzeća. Odnosi dionika osobito su važni za poduzeća u državnom vlasništvu jer mogu biti ključni za ispunjavanje obveza javnih usluga i, u određenim infrastrukturnim sektorima, snažnog utjecaja koji poduzeća u državnom vlasništvu imaju na makroekonomski razvojni potencijal te na zajednice u kojima djeluju. Povrh toga, neki ulagatelji sve više uključuju pitanja koja se odnose na dionike u svoje odluke o ulaganju i uzimaju u obzir opasnost od mogućih sporova u vezi s pitanjima dionika. Zbog toga je važno da vlasničko tijelo i poduzeća u državnom vlasništvu prepoznaju utjecaj koji aktivna politika dionika može imati na dugoročne strateške ciljeve i ugled poduzeća. Poduzeća u državnom vlasništvu stoga, zajedno s vlasničkim tijelom, trebaju razviti i primjereno objaviti jasna pravila za dionike.

Međutim, država ne smije putem poduzeća u državnom vlasništvu nastojati ostvariti ciljeve koji se razlikuju od ciljeva koji se odnose na privatni sektor, osim ako to nije na neki način kompenzirano. Sva posebna prava odobrena dionicima ili utjecaj na postupak donošenja odluka moraju biti izričiti. Bez obzira na prava koja su dionicima omogućena zakonom ili na posebne obveze koje poduzeće u državnom vlasništvu u tom pogledu mora ispuniti, tijela društva, posebno glavna skupština dioničara i nadzorni odbor trebaju zadržati ovlasti donošenja odluka.

A. Državne uprave, državna vlasnička tijela i sama poduzeća u državnom vlasništvu trebaju priznati i poštovati prava dionika utvrđena zakonom ili međusobnim sporazumima.

Kao većinski dioničar, država može upravljati postupkom korporativnog odlučivanja i naći se u položaju da donosi odluke na štetu dionika. Stoga je važno uspostaviti mehanizme i procedure zaštite prava dionika. Vlasničko tijelo treba u pogledu toga imati jasna pravila. Poduzeća u državnom vlasništvu trebaju u potpunosti poštovati prava dionika kako su utvrđena zakonom, propisima i međusobnim sporazumima. Trebaju djelovati na isti način kao uvrštena društva iz privatnog sektora.

Radi poticanja aktivne suradnje s dionicima usmjerene na stvaranje dobiti, poduzeća u državnom vlasništvu trebaju dionicima osigurati pravodoban i stalan pristup relevantnim, dostatnim i pouzdanim informacijama kako bi mogli ostvariti svoja prava. Dionici trebaju imati pristup učinkovitoj pravnoj zaštiti u slučaju kršenja njihovih prava. Zaposlenici također trebaju imati mogućnost slobodnog izražavanja svojih dvojbi *bona fide* o nezakonitim ili neetičnim praksama nadzornom odboru i njihova prava time ne smiju biti ugrožena. Poduzeća u državnom vlasništvu trebaju uvesti jasna pravila i postupke koji se na to odnose, na primjer, pravila o „zviždačima". U nedostatku pravodobnih korektivnih mjera ili u slučaju postojanja razumne opasnosti od negativne reakcije na pritužbu u vezi s kršenjem zakona, zaposlenici se potiču da prijave svoju *bona fide* pritužbu ovlaštenim tijelima. Brojne države pružaju i mogućnost pokretanja postupka u slučaju kršenja *Smjernica OECD-a za multinacionalna poduzeća* pred nacionalnom kontaktnom točkom.

Potrebno je poticati stvaranje mehanizama sudjelovanja zaposlenika kad se to smatra relevantnim u pogledu odnosa dionika za neka poduzeća u državnom vlasništvu. Međutim, prilikom procjenjivanja važnosti i željenog razvoja takvih mehanizama, država treba pažljivo razmotriti poteškoće u pretvaranju nasljednih prava u učinkovite mehanizme poboljšanja poslovanja. Primjeri mehanizama sudjelovanja zaposlenika uključuju predstavnike zaposlenika u nadzornim odborima i postupke upravljanja, kao što je predstavljanje u sindikatima i radničkim vijećima koja uzimaju u obzir mišljenje zaposlenika pri donošenju određenih ključnih odluka. Međunarodne konvencije i norme također priznaju prava zaposlenika na informacije, savjetovanje i pregovore.

B. Uvrštena ili velika poduzeća u državnom vlasništvu trebaju izvještavati o odnosima dionika, uključujući, ako je to relevantno i izvedivo, o radu, vjerovnicima i obuhvaćenim zajednicama.

Dobra praksa zahtijeva da uvrštena društva izvještavaju o pitanjima dionika. Na taj način poduzeća u državnom vlasništvu pokazuju spremnost na transparentan rad i posvećenost su-radnji s dionicima. Time se zauzvrat razvija povjerenje i poboljšava njihov ugled. Posljedično, uvrštena društva ili velika poduzeća u državnom vlasništvu trebaju podrobno obavještavati ulagatelje, dionike i javnost o pravilima za dionike te pružiti informacije o njihovoj učinkovitoj provedbi. To bi također trebalo vrijediti i za sva poduzeća u državnom vlasništvu koja imaju važne ciljeve javnih politika ili opće obveze usluge, uzimajući u obzir troškove koji ovise o njihovoj veličini. Izvješća o odnosima dionika trebaju se odnositi na najbolje prakse i slijediti postojeće smjernice o pružanju informacija o društvenoj i ekološkoj odgovornosti. Preporučuje se i da poduzeća u državnom vlasništvu podvrgnu svoja izvješća o dionicima neovisnom ispitivanju kako bi ojačali svoju vjerodostojnost.

C. Nadzorni odbori poduzeća u državnom vlasništvu trebaju razviti, implementirati, nadzirati i komunicirati programe i mjere unutarnje kontrole, etičkih normi i usklađenosti, uključujući one koje pridonose sprječavanju zloporaba i korupcije. Trebaju se temeljiti na nacionalnim normama, u skladu s međunarodnim obvezama te se odnositi na poduzeća u državnom vlasništvu i njihove podružnice.

Nadzorni odbori poduzeća u državnom vlasništvu, poput nadzornih odbora privatnih društava, trebaju primjenjivati visoke etičke norme. To je dugoročan interes svakog poduzeća koje želi potvrditi svoju vjerodostojnost i pouzdanost u svakodnevnom radu i u pogledu dugoročnih obveza. Poduzeća u državnom vlasništvu mogu biti podložna posebnom pritisku s obzirom na interakciju poslovnih s političkim i javnim politikama. Osim toga, budući da poduzeća u državnom vlasništvu mogu imati važnu ulogu u stvaranju poslovnog ozračja u državi, također je važno da održavaju visoke etičke norme.

Poduzeća u državnom vlasništvu i njihovi službenici trebaju se ponašati u skladu s visokim etičkim normama. Poduzeća u državnom vlasništvu trebaju razviti programe i mjere unutarnje kontrole, etike i usklađenosti, pridržavajući se nacionalnih normi i kodeksa ponašanja. To treba podrazumijevati i obvezu postupanja u skladu s *Konvencijom OECD-a o borbi protiv podmićivanja* i implementaciju preporuka *Smjernica OECD-a o dobroj praksi za unutarnje kontrole, etičke norme i usklađenost*.

Etički kodeks treba se odnositi na poduzeća u državnom vlasništvu u cjelini, kao i na njihove podružnice. Trebaju pružiti jasne i detaljne smjernice o očekivanom ponašanju svih zaposlenika i potrebno je uspostaviti programe i mjere usklađivanja. Smatra se dobrom praksom da se ti kodeksi uspostave u suradnji sa svim zaposlenicima i dionicima. Kodeksi trebaju imati jasnu podršku i posvećenost nadzornog odbora i višeg rukovodstva. Usklađenost poduzeća u državnom vlasništvu s etičkim kodeksom trebaju povremeno nadzirati nadzorni odbori.

Etički kodeks treba uključivati smjernice o postupku nabave, kao i posebne mehanizme zaštite i poticanja dionika, prvenstveno zaposlenika, na prijavljivanje nezakonitog ili neetičnog postupanja korporativnih službenika. U tom pogledu, vlasnička tijela trebaju osigurati da poduzeća u državnom vlasništvu koja su pod njihovom odgovornošću uspostave učinkovite mehanizme zaštite zaposlenika u slučaju pritužbi, podnesenih osobno ili putem predstavnika, ili za druge osobe izvan poduzeća u državnom vlasništvu. Nadzorni odbori poduzeća u državnom vlasništvu trebaju omogućiti zaposlenicima ili njihovim predstavnicima povjerljiv izravan pristup neovisnoj osobi iz nadzornog odbora ili pučkom pravobranitelju unutar poduzeća. Etički kodeks također treba sadržavati disciplinske mjere u slučaju optužbi podnesenih u lošoj vjeri koje su neutemeljene, neozbiljne ili zlonamjerne.

D. Poduzeća u državnom vlasništvu trebaju se pridržavati visokih standarda odgovornog poslovanja. Očekivanja državne uprave u tom pogledu trebaju biti javno objavljena i trebaju biti uspostavljeni mehanizmi njihove provedbe.

Poput privatnih društava, poduzeća u državnom vlasništvu imaju komercijalni interes u minimalizaciji reputacijskog rizika i ugleda „dobrih korporativnih građana". Poduzeća u državnom vlasništvu trebaju se pridržavati visokih normi odgovornog poslovanja, uključujući u pogledu okoliša, zaposlenika, javnog zdravlja i sigurnosti te ljudskih prava. Trebaju postupati u skladu s relevantnim međunarodnim normama, uključujući: *Smjernice OECD-a za multinacionalna poduzeća*, koje su usvojile sve države članice OECD-a te održavati sva četiri načela sadržana u *Deklaraciji MOR-a o temeljnim načelima i pravima na radu*; te *Vodeća načela UN-a o poslovanju i ljudskim pravima*. Vlasničko tijelo može izraziti svoja očekivanja u tom pogledu i zahtijevati da poduzeća u državnom vlasništvu izvještavaju o svojem postupanju. Nadzorni odbori poduzeća u državnom vlasništvu trebaju osigurati da su integrirani u korporativnu upravu poduzeća u državnom vlasništvu, da imaju poticaje i da podliježu odgovarajućem nadzoru izvješćivanja i poslovanja.

Od poduzeća u državnom vlasništvu ne smije se zahtijevati sudjelovanje u dobrotvornim akcijama ili pružanje javnih usluga koje bi prikladnije obavljala relevantna ovlaštena tijela javne vlasti. Očekivanja države u pogledu odgovornog poslovanja poduzeća u državnom vlasništvu trebaju se komunicirati na jasan i transparentan način.

E. Poduzeća u državnom vlasništvu ne smiju služiti kao sredstvo financiranja političkog djelovanja. Poduzeća u državnom vlasništvu ne smiju davati doprinose političkim kampanjama.

Poduzeća u državnom vlasništvu ne smiju se ni u kojem slučaju koristiti kao izvori kapitala za financiranje političkih kampanja ili aktivnosti. Ako su se poduzeća u državnom vlasništvu u prošlosti koristila za financiranje stranaka, to nije nužno bio oblik izravnih isplata. U nekim slučajevima postoje navodi o upotrebi transakcija između poduzeća u državnom vlasništvu i korporacija kojima upravljaju politički interesi, zbog kojih su poduzeća u državnom vlasništvu bila u gubitku.

Povrh toga, premda je u nekim državama uobičajena praksa privatnih društava da daju doprinose političkim kampanjama iz komercijalnih razloga, poduzeća u državnom vlasništvu trebaju izbjegavati takvo postupanje. Krajnja kontrola, uključujući putem propisa, nad poduzećima u državnom vlasništvu odgovornost je političara koji pripadaju političkim strankama koje imaju koristi od darežljivosti korporativnih sponzora. Stoga je opasnost od sukoba interesa – koji već postoji u društvima iz privatnog sektora – značajno povećana za poduzeća u državnom vlasništvu.

NAPOMENE UZ POGLAVLJE VI.: OBJAVLJIVANJE I TRANSPARENTNOST

Poduzeća u državnom vlasništvu trebaju se pridržavati visokih standarda transparentnosti i podlijegati istim visokim standardima knjigovodstva, objavljivanja, usklađenosti i revizije kao i uvrštena društva.

Transparentnost u pogledu financijskog i nefinancijskog djelovanja poduzeća u državnom vlasništvu ključna je za veću pouzdanost nadzornih odbora i uprave poduzeća u državnom vlasništvu i omogućuje djelovanje države kao obaviještenog vlasnika. Pri odlučivanju o zahtjevima za izvještavanje i objavljivanje za poduzeća u državnom vlasništvu, potrebno je uzeti u obzir veličinu i komercijalno usmjerenje poduzeća. Na primjer, za mala poduzeća u državnom vlasništvu koja ne sudjeluju u aktivnostima javnih politika, zahtjevi za objavljivanje ne trebaju biti tako visoki da ugrožavaju njihovu konkurentnost. Nasuprot tome, ako je riječ o velikim poduzećima u državnom vlasništvu ili ako je državno vlasništvo motivirano isključivo ciljevima javnih politika, dotično poduzeće treba implementirati vrlo visoke standardne transparentnosti i objavljivanja informacija.

A.   Poduzeća u državnom vlasništvu trebaju prijaviti važne financijske i nefinancijske informacije poduzeća u skladu s međunarodno priznatim visokim standardima korporativnog objavljivanja, uključujući i za područja koja su od velikog značaja za državu kao vlasnika i za širu javnost. To se osobito odnosi na aktivnosti poduzeća u državnom vlasništvu koje se obavljaju u javnom interesu.

Sva poduzeća u državnom vlasništvu trebaju objaviti financijske i nefinancijske informacije, a velika i uvrštena poduzeća trebaju to izvesti u skladu s međunarodno priznatim visokim standardima. To podrazumijeva da članovi nadzornog odbora poduzeća u državnom vlasništvu trebaju potpisati financijska izvješća i da glavni izvršni direktori i glavni financijski direktori trebaju potvrditi da ta izvješća u svim bitnim aspektima primjereno i pošteno predstavljaju operativno i financijsko stanje poduzeća u državnom vlasništvu.

U mjeri u kojoj je to moguće, relevantna ovlaštena tijela trebaju provesti analizu odnosa troškova i koristi kako bi se utvrdilo koja se poduzeća u državnom vlasništvu trebaju podvrgnuti međunarodno priznatim visokim standardima kvalitete. Ta analiza treba uzeti u obzir da su zahtjevi za objavljivanje ne samo poticajni nego i pomažu nadzornom odboru i upravi da profesionalno obavljaju svoje zadatke.

Visoka razina objavljivanja također je dragocjena za poduzeća u državnom vlasništvu koja nastoje postići važne ciljeve javnih politika. To je osobito važno kad imaju značajan utjecaj na državni proračun, na rizik koji snosi država ili globalni društveni utjecaj. Na primjer, društva u Europskoj uniji koja imaju pravo na državne subvencije za pružanje usluga od općeg gospodarskog interesa moraju imati odvojene račune za te aktivnosti.

Poduzeća u državnom vlasništvu trebaju podlijegati barem istim zahtjevima za objavljivanje kao uvrštena društva. Zahtjevi za objavljivanje ne smiju ugroziti ključnu korporativnu povjerljivost i ne smiju staviti poduzeća u državnom vlasništvu u nepovoljan položaj u odnosu na privatnu konkurenciju. Poduzeća u državnom vlasništvu trebaju izvještavati o financijskim i operativnim rezultatima, objavljivati nefinancijske informacije, politiku naknada, povezane transakcije stranaka, strukture upravljanja i politike upravljanja. Poduzeća u državnom vlasništvu trebaju objaviti slijede li kodeks korporativnog upravljanja i, ako je to slučaj, navesti o kojem je kodeksu riječ. Pridržavanje međunarodno prihvaćenih normi izvještavanja pri objavljivanju financijskih i nefinancijskih informacija smatra se dobrom praksom.

U pogledu objavljivanja informacija o naknadama za članove nadzornog odbora i ključno izvršno osoblje, smatra se dobrom praksom objaviti ih na pojedinačnoj razini. Informacije trebaju sadržavati odredbe o raskidu ugovora i umirovljenju, kao i sve posebne prednosti ili naknade u naravi koje imaju članovi nadzornog odbora.

Uzimajući u obzir kapacitet i veličinu poduzeća, primjeri takvih informacija uključuju sljedeće:

1. Jasna izjava za javnost o ciljevima poduzeća i njihovom ispunjenju (za poduzeća u potpunom državnom vlasništvu to bi uključivalo sve ovlasti koje je dodijelilo državno vlasničko tijelo);

Važno je da svako poduzeće u državnom vlasništvu jasno navede svoje opće ciljeve. Bez obzira na postojeći sustav nadzora poslovanja, potrebno je identificirati ograničen skup osnovnih općih ciljeva, zajedno s informacijama o načinu postupanja poduzeća s kompromisima između ciljeva koji mogu biti međusobno sukobljeni.

Ako je država većinski vlasnik ili ima stvarnu kontrolu nad poduzećem u državnom vlasništvu, ciljevi poduzeća trebaju biti jasni svim drugim ulagateljima, tržištu i javnosti. Takve obveze objavljivanja potaknut će službenike poduzeća u državnom vlasništvu da i sami razumiju te ciljeve, a mogle bi također povećati posvećenost uprave ispunjenju tih ciljeva. Pružit će referentnu točku svim dionicima, tržištu i općoj javnosti za razmatranje usvojene strategije i odluka koje je donijela uprava.

Poduzeća u državnom vlasništvu trebaju izvijestiti o tome kako su ispunili ciljeve objavljivanjem ključnih pokazatelja financijskog i nefinancijskog poslovanja. Kad se poduzeće u državnom vlasništvu koristi i za ciljeve javnih politika, mora izvještavati o načinu postizanja istih.

2. Financijski i operativni rezultati poduzeća, uključujući, gdje je to relevantno, sporazume o troškovima i financiranju za ciljeve javnih politika;

Poput privatnih korporacija, poduzeća u državnom vlasništvu trebaju objaviti informacije o svojim financijskim, operativnim i nefinancijskim rezultatima. Osim toga, ako se od poduzeća u državnom vlasništvu očekuje ispunjavanje određenih ciljeva javnih politika, potrebno je također objaviti informacije o izdacima za povezane aktivnosti i načinu njihovog financiranja. Istodobno, vlasničko tijelo treba poduzeti mjere kojima će osigurati da dodatne obveze izvještavanja za poduzeća u državnom vlasništvu, osim onih koje vrijede i za privatna poduzeća, ne čine nepotrebno opterećenje za njihove gospodarske aktivnosti.

3. Upravljačka, vlasnička i glasačka struktura poduzeća, uključujući sadržaj kodeksa korporativnog upravljanja ili politike i postupaka provedbe;

Važno je da upravljačke i glasačke strukture poduzeća u državnom vlasništvu budu transparentne, tako da svi dionici budu potpuno upućeni u svoje udjele u novčanim tokovima i u svoja glasačka prava. Također mora biti jasno tko zadržava zakonsko vlasništvo nad državnim udjelima i tko snosi odgovornost za ostvarenje prava državnog vlasništva. Sva posebna prava ili sporazumi koji se razlikuju od općeprihvaćenih pravila korporativnog upravljanja i koji mogu poremetiti vlasničku ili upravljačku strukturu poduzeća u državnom vlasništvu, kao što su „zlatne dionice" i pravo veta, moraju se objaviti. Potrebno je otkriti postojanje sporazuma dioničara, pri čemu neki dijelovi sadržaja mogu podlijegati uvjetima povjerljivosti.

4. Naknade za članove nadzornog odbora i ključno izvršno osoblje;

Važno je da poduzeća u državnom vlasništvu osiguraju visoku razinu transparentnosti u pogledu naknada za članove nadzornog odbora i ključno izvršno osoblje. Nepružanje odgovarajućih podataka javnosti može za posljedicu imati negativnu percepciju i povećati opasnost od negativnih reakcija na vlasničko tijelo i pojedinačna poduzeća u državnom vlasništvu. Informacije se trebaju odnositi na stvarne razine naknada i politike na kojima se temelje.

5. Kvalifikacije članova nadzornog odbora, postupak odabira, uključujući politike raznolikosti, uloge u nadzornim odborima drugih poduzeća i smatra li ih nadzorni odbor poduzeća u privatnom vlasništvu neovisnima;

Potpuna transparentnost u pogledu kvalifikacija članova nadzornog odbora osobito je važna za poduzeća u državnom vlasništvu. Za imenovanje člana nadzornog odbora poduzeća u državnom vlasništvu često je izravno odgovorna državna uprava, zbog čega postoji opasnost da će se članovi nadzornog odbora doživljavati kao osobe koje djeluju u ime države ili određenih političkih krugova, a ne kao osobe od dugoročnog interesa poduzeća i njegovih dioničara. Zahtjevi za visoku razinu transparentnosti u pogledu kvalifikacija i postupak imenovanja članova nadzornog odbora može igrati važnu ulogu u povećanju profesionalnosti nadzornih odbora poduzeća u državnom vlasništvu. Također omogućuju ulagateljima da procijene kvalifikacije članova nadzornog odbora i prepoznaju sve potencijalne sukobe interesa.

6. Svi predvidljivi čimbenici rizika i mjere poduzete za upravljanje takvim rizicima;

Kad poduzeća u državnom vlasništvu poduzmu ambiciozne strategije bez jasne identifikacije, procjene ili izvještavanja o povezanim rizicima, dolazi do velikih poteškoća. Objavljivanje čimbenika rizika osobito je važno kad poduzeća u državnom vlasništvu djeluju u novim dereguliranim i sve više internacionaliziranim industrijama, u kojima se suočavaju s nizom novih rizika, kao što su politički, operativni i tečajni rizici. Bez prikladnog izvještavanja o čimbenicima rizika, poduzeća u državnom vlasništvu mogu dati pogrešnu sliku svoje financijske situacije i općeg poslovanja. To, zauzvrat, može dovesti do neprimjerenih strateških odluka i neočekivanih financijskih gubitaka. Čimbenici rizika trebaju se na vrijeme i dovoljno često objavljivati.

Primjereno objavljivanje informacija o naravi i razmjeru rizika na koja poduzeća u državnom vlasništvu nailaze u poslovanju zahtijeva uspostavu stabilnih unutarnjih sustava upravljanja rizicima radi identificiranja, upravljanja, nadziranja i izvještavanja o rizicima. Poduzeća u državnom vlasništvu trebaju izvještavati u skladu s novim i promjenjivim normama i objaviti informacije o cjelokupnoj izvanbilančnoj imovini i odgovornostima. Kad je to prikladno, takvo izvještavanje treba obuhvatiti strategije upravljanja rizicima, kao i sustave njihove implementacije. To se treba odnositi na financijske i operativne rizike, ali i, gdje je to relevantno i ključno za poduzeća u državnom vlasništvu, na rizike povezane s ljudskim pravima, radom, okolišem i porezima. Društva u industriji vađenja minerala trebaju objaviti svoje rezerve u skladu s najboljim praksama jer to može biti ključan element njihovog profila vrijednosti i rizika.

7. Sva financijska pomoć, uključujući jamstva, dobivena od države i obveze preuzete u ime poduzeća u državnom vlasništvu, uključujući ugovorne obveze i odgovornosti koje nastaju na temelju javno-privatnog partnerstva;

Kako bi se stekla točna i potpuna slika financijske situacije poduzeća u državnom vlasništvu, važno je da zajedničke obveze, financijska pomoć ili mehanizmi dijeljenja rizika između države i poduzeća u državnom vlasništvu budu prikladno objavljeni. Objavljivanje treba sadržavati pojedinosti o svim državnim poticajima ili subvencijama koje je dobilo poduzeće u državnom vlasništvu, sva jamstva koja je država dala poduzeću u državnom vlasništvu za rad, kao i sve obveze koje država preuzima u ime poduzeća u državnom vlasništvu. Norme objavljivanja trebaju biti u skladu s postojećim zakonskim obvezama, na primjer obvezama upravljanja državnom pomoći. Objavljivanje jamstava mogu provesti poduzeća u državnom vlasništvu ili država. Smatra se dobrom praksom da zakonodavstvo nadzire državna jamstva kako bi se poštovale proračunske procedure.

Javno-privatna partnerstva također se trebaju prikladno objaviti. Takvi poslovni pothvati često se odlikuju prijenosima rizika, resursa i nagrada između javnih i privatnih partnerstava radi pružanja javnih usluga ili javne infrastrukture i mogu dovesti do novih i posebnih materijalnih rizika.

8. Sve materijalne transakcije s državom i drugim povezanim subjektima;

Materijalne transakcije između poduzeća u državnom vlasništvu i povezanih subjekata, kao što je vlasničko ulaganje jednog poduzeća u državnom vlasništvu u drugo, mogu biti izvor potencijalne zloporabe i moraju se objaviti. Izvještavanje o transakcijama s povezanim subjektima treba pružiti sve informacije potrebne za procjenu poštenosti i prikladnosti tih transakcija. Također se smatra dobrom praksom, čak i u nedostatku materijalnih transakcija, da se jasno identificiraju organizacijske i korporativne veze poduzeća u državnom vlasništvu s drugim povezanim subjektima.

9. Sva relevantna pitanja u pogledu zaposlenika i drugih dionika.

Poduzeća u privatnom vlasništvu trebaju pružiti informacije o ključnim pitanjima u vezi sa zaposlenicima i drugim dionicima koja mogu materijalno utjecati na financijsko i nefinancijsko poslovanje poduzeća ili imati značajan utjecaj na dionike. Objavljivanje može sadržavati odnose uprave i zaposlenika, uključujući naknade, uključenost u kolektivno pregovaranje i mehanizme predstavljanja zaposlenika, kao i odnose s drugim dionicima, kao što su vjerovnici, dobavljači i lokalne zajednice. Može također sadržavati sve materijalne informacije o okolišu, društvu, ljudskim pravima i protukorupcijskim mjerama.

Neke države zahtijevaju opsežno objavljivanje informacija o ljudskim resursima. Relevantne politike, kao što su programi razvoja ljudskih resursa i obuke, stopa zadržavanja zaposlenika i planovi kupnje dionica za zaposlenike, mogu pružiti važne informacije o snazi konkurentnosti društava za sudionike na tržištu i druge dionike.

B.   Godišnja financijska izvješća poduzeća u državnom vlasništvu trebaju se podvrgnuti neovisnoj vanjskoj reviziji na temelju visokih standarda kvalitete. Posebni postupci državnog nadzora ne mogu zamijeniti neovisnu vanjsku reviziju.

U interesu šire javnosti, poduzeća u državnom vlasništvu trebaju biti jednako transparentna kao društva koja kotiraju na burzi. Bez obzira na njihov pravni status i čak ako nisu uvrštena, sva poduzeća u državnom vlasništvu trebaju objavljivati izvješća u skladu s najboljim praksama knjigovodstva i revizijskim standardima.

U praksi, poduzeća u državnom vlasništvu nisu obvezna podvrgnuti se vanjskoj, neovisnoj reviziji. To je često zbog posebnih državnih sustava revizije i kontrola koji se ponekad smatraju dovoljnim za osiguranje kvalitete i opsežnosti knjigovodstvenih podataka. Te financijske kontrole uobičajeno provode posebni državni ili „vrhovni" revizijski subjekti koji mogu ispitati poduzeće u državnom vlasništvu i vlasničko tijelo. U brojnim slučajevima, oni također prisustvuju sastancima nadzornog odbora i često izravno izvještavaju zakonodavno tijelo o poslovanju poduzeća u državnom vlasništvu. Međutim, te posebne kontrole namijenjene su nadzoru upotrebe javnih sredstava i proračunskih resursa, a ne za rad poduzeća u državnom vlasništvu u cjelini.

Kako bi se povećala pouzdanost pruženih informacija, država treba zahtijevati da se, osim posebnim državnim revizijama, barem sva velika poduzeća u državnom vlasništvu trebaju podvrgnuti i vanjskoj reviziji koja se provodi u skladu s međunarodno priznatim normama. Potrebno je razviti prikladne postupke odabira vanjskih revizora, a ključno je da oni budu neovisni od uprave i od velikih dioničara, odnosno države u slučaju poduzeća u državnom vlasništvu. Povrh toga, vanjski revizijski subjekti trebaju podlijegati istim kriterijima neovisnosti koji vrijede za društva iz privatnog sektora. To zahtijeva posebnu pažnju revizijskog odbora ili nadzornog odbora te općenito uključuje ograničavajuće odredbe nerevizijskih usluga za poduzeća u državnom vlasništvu koje je podvrgnuto reviziji, kao i povremenu izmjenu revizijskih partnera ili javne natječaje za vanjske revizijske subjekte.

C.   Vlasničko tijelo treba dosljedno izvještavati o poduzećima u državnom vlasništvu i objavljivati godišnja objedinjena izvješća o poduzećima u

državnom vlasništvu. Dobra praksa zahtijeva upotrebu internetskih komunikacija radi lakšeg pristupa šire javnosti.

Vlasničko tijelo treba razviti metodu objedinjenog izvješćivanja koja pokriva sva poduzeća u državnom vlasništvu i učiniti je ključnim alatom za objavljivanje usmjerenim na širu javnost, zakonodavna tijela i medije. Ta metoda izvještavanja treba se razviti na način koji omogućuje da svi mogu steći jasan uvid u opće poslovanje i razvoj poduzeća u državnom vlasništvu. Osim toga, objedinjeno izvješćivanje ključno je za vlasničko tijelo koje nastoji produbiti svoje razumijevanje poslovanja poduzeća u državnom vlasništvu i razjasniti vlastite politike.

Objedinjenim izvješćivanjem nastaje godišnje objedinjeno izvješće koje izdaje država. To objedinjeno izvješće treba biti primarno usmjereno na financijsko poslovanje i vrijednost poduzeća u državnom vlasništvu, ali i sadržavati informacije o poslovanju u pogledu ključnih nefinancijskih pokazatelja. Treba barem ukazati na ukupnu vrijednost državnog portfelja. Također treba sadržavati opću izjavu o politici državnog vlasništva i informacije o načinu na koji je država primijenila tu politiku. Potrebno je navesti i informacije o organizaciji vlasničke funkcije, kao i pregled razvoja poduzeća u državnom vlasništvu, skupne financijske informacije i izvješća o izmjenama u nadzornim odborima poduzeća u državnom vlasništvu. Objedinjeno izvješće treba sadržavati ključne financijske pokazatelje, uključujući promet, prihod, novčani tijek poslovanja, bruto ulaganja, prinos na kapital, omjer kapitala/imovine i dividende. Vlasničko tijelo treba unaprijediti objavljivanje odnosa dionika s pomoću jasne politike i razvoja objedinjenih objava široj javnosti.

Treba također pružiti i informacije o metodama prikupljanja podataka. Objedinjeno izvješće treba uključivati i pojedinačna izvješća o najvažnijim poduzećima u državnom vlasništvu. Važno je naglasiti da objedinjeno izvješćivanje ne smije duplicirati, već treba upotpuniti postojeće zahtjeve za izvještavanje, na primjer, godišnja izvješća za zakonodavna tijela. Neka vlasnička tijela mogu objavljivati samo „djelomična" objedinjena izvješća, odnosno izvješća koja obuhvaćaju poduzeća u državnom vlasništvu koja djeluju u sličnim sektorima.

Vlasničko tijelo trebalo bi razmotriti uspostavljanje web-mjesta koje bi omogućilo lak pristup informacijama za širu javnost. Takva web-mjesta mogu sadržavati informacije o organizaciji vlasničke funkcije i općoj vlasničkoj politici, kao i informacije o veličini, razvoju, poslovanju i vrijednosti državnog sektora.

NAPOMENE UZ POGLAVLJE VII.: ODGOVORNOSTI NADZORNIH ODBORA PODUZEĆA U DRŽAVNOM VLASNIŠTVU

Nadzorni odbori poduzeća u državnom vlasništvu trebaju imati potrebna ovlaštenja, kompetencije i objektivnost za izvršavanje funkcija strateškog vođenja i nadzora upravljanja. Trebaju djelovati s integritetom i snositi odgovornost za svoje postupanje.

Osnaživanje i poboljšanje kvalitete i učinkovitosti nadzornih odbora poduzeća u državnom vlasništvu ključan je korak u osiguranju visokokvalitetnog korporativnog upravljanja poduzećima u državnom vlasništvu. Važno je da poduzeća u državnom vlasništvu imaju utjecajne nadzorne odbore koji mogu djelovati u interesu poduzeća i njegovih vlasnika, učinkovito nadzirati upravljanje i zaštititi upravu od poremećaja pri svakodnevnom poslovanju. U tu svrhu, potrebno je osigurati kompetenciju nadzornih odbora poduzeća u državnom vlasništvu, ojačati njihovu neovisnost i poboljšati način njihovog rada. Također je neophodno dati im izričitu i potpunu odgovornost za izvršenje funkcija i osigurati da postupaju s integritetom.

A. Nadzorni odbori poduzeća u državnom vlasništvu trebaju imati jasne ovlasti i konačnu odgovornost za poslovanje poduzeća. Uloga nadzornih odbora poduzeća u državnom vlasništvu treba biti jasno definirana u zakonodavstvu, po mogućnosti u skladu s pravom trgovačkih društava. Nadzorni odbor treba snositi potpunu odgovornost prema vlasnicima, djelovati u najboljem interesu poduzeća i postupati sa svim dioničarima jednako.

Odgovornosti nadzornih odbora poduzeća u državnom vlasništvu trebaju biti formulirane u relevantnom zakonodavstvu, propisima, politici državnog vlasništva i korporativnim poveljama. Treba posebno naglasiti da svi članovi nadzornog odbora imaju zakonsku obvezu postupanja u skladu s najboljim interesima poduzeća i pravednog postupanja sa svim dioničarima. Kolektivna i pojedinačna odgovornost članova nadzornog odbora treba se jasno navesti. Ne smije biti razlika između odgovornosti različitih članova nadzornog odbora, bez obzira na to je li ih imenovala država ili drugi dioničari ili dionici. Obuka treba biti obvezna kako bi se članovi nadzornog odbora poduzeća u državnom vlasništvu mogli informirati o njihovim odgovornostima i obvezama.

Kako bi se potaknula odgovornost i učinkovitost, nadzorni odbori trebaju biti u skladu s najboljim praksama razvijenima za privatni sektor. Trebaju biti ograničene veličine i sastojati se samo od članova neophodnih za osiguranje učinkovitog rada. Iskustvo pokazuje da manji nadzorni odbori omogućuju stvarne rasprave o strategiji i da su manje podložni pukom birokratskom djelovanju. Izvješće nadzornog odbora treba se podnijeti zajedno s godišnjim izvještajima i vanjskim revizorima. Izvješće nadzornog odbora treba pružiti informacije i komentare o organizacijskom i financijskom poslovanju, čimbenicima rizika, značajnim događajima, odnosima s dionicima i učincima uputa od strane vlasničkog tijela.

B.   Nadzorni odbori poduzeća u državnom vlasništvu trebaju učinkovito obavljati svoje funkcije određivanja strategije i nadzora upravljanja na temelju ovlasti nadzornog odbora i ciljeva koje je odredila država. Također trebaju imati ovlasti imenovanja i smjene glavnog izvršnog direktora. Trebaju odrediti razine naknada za rukovoditelje koje su u dugoročnom interesu poduzeća.

Kako bi ispunili svoje obveze, nadzorni odbori poduzeća u državnom vlasništvu trebaju aktivno (i) formulirati ili odobriti, nadzirati i pregledavati korporativnu strategiju, unutar okvira općih korporativnih ciljeva; (ii) uspostaviti prikladne pokazatelje poslovanja i identificirati ključne rizike; (iii) razviti i nadgledati politike i procedure učinkovitog upravljanja rizicima u pogledu financijskih i operativnih rizika, ali i u pogledu pitanja koja se odnose na ljudska prava, zaposlenike, okoliš i porezna pitanja; (iv) nadgledati postupke objavljivanja i komunikacije, osiguravajući da financijski izvještaji točno predstavljaju poslovanje poduzeća u državnom vlasništvu i odražavaju nastale rizike; (v) procjenjivati i nadgledati rad uprave; i (vi) odlučivati o naknadama za glavne izvršne direktore te razviti učinkovite planove nasljeđivanja za ključne rukovoditelje.

Jedna od ključnih funkcija nadzornih odbora poduzeća u državnom vlasništvu treba biti imenovanje i smjena glavnih izvršnih direktora. Bez te ovlasti, nadzorni odbori poduzeća u državnom vlasništvu teško mogu obavljati funkciju nadzora i preuzeti odgovornost za poslovanje poduzeća u državnom vlasništvu. U nekim slučajevima, to se može izvesti u suradnji ili uz savjetovanje s vlasničkim tijelom.

Neke države odstupaju od te dobre prakse i u slučaju poduzeća u potpunom državnom vlasništvu omogućuju državi izravno imenovanje glavnog izvršnog direktora. Da bi se osigurao integritet nadzornog odbora, dobra praksa zahtijeva barem savjetovanje s nadzornim odborom. Bez obzira na postupak, imenovanja se trebaju temeljiti na stručnim kriterijima i postupku natječaja. Angažiranje neovisnih stručnjaka za upravljanje postupkom odabira smatra se dobrom praksom, osobito za velika poduzeća u državnom vlasništvu koja djeluju u gospodarskom sektoru. Pravila i postupci nominiranja i imenovanja glavnog izvršnog direktora trebaju biti transparentni i pridržavati se odgovornosti između glavnog izvršnog direktora, nadzornog odbora i vlasničkog tijela. Potrebno je objaviti sve sporazume dioničara u pogledu imenovanja glavnog izvršnog direktora.

Temeljem njihove obveze za procjenu i nadzor upravljanja, nadzorni odbori poduzeća u državnom vlasništvu trebaju odlučiti o naknadama za glavnog izvršnog direktora, što podliježe mjerodavnim državnim propisima. Također trebaju osigurati da naknade za glavnog izvršnog direktora budu povezane s performansama i potpuno transparentne. Kompenzacijski paketi za više rukovodstvo trebaju biti konkurentni, ali se treba osigurati da uprava ne dobiva poticaje koji nisu u skladu s dugoročnim interesom poduzeća i njegovih vlasnika. Uvođenje odredbi o malusu i poništavanju prekomjerne naknade smatra se dobrom praksom. Time se poduzeću omogućuje pravo uskraćivanja i vraćanja naknada od rukovoditelja u slučaju prijevara i sličnih okolnosti, na primjer, ako poduzeće treba ponovno objaviti financijski izvještaj zbog nedosljednosti sa zahtjevima financijskog izvještavanja. Brojne su državne uprave uvele ograničenja naknade za uprave poduzeća u državnom vlasništvu, sukladno veličini poduzeća i sektoru djelovanja.

C.   Ustroj nadzornih odbora poduzeća u državnom vlasništvu treba omogućivati objektivno i neovisno procjenjivanje. Svi članovi nadzornog odbora, uključujući sve državne službenike, trebaju se imenovati na temelju kvalifikacija i imati jednakovrijedne pravne odgovornosti.

Osnovni preduvjet za osnaživanje nadzornih odbora poduzeća u državnom vlasništvu jest strukturirati ih tako da mogu učinkovito provoditi objektivno i neovisno procjenjivanje, nadzirati više rukovodstvo i donositi strateške odluke. Svi članovi nadzornog odbora trebaju se imenovati u transparentnom postupku i treba biti jasno da je njihova obveza postupati u najboljem interesu poduzeća kao cjeline. Ne smiju djelovati kao pojedinačni predstavnici interesnih skupina koje su ih imenovale. Nadzorni odbori poduzeća u državnom vlasništvu trebaju također biti zaštićeni od političkih intervencija koje ih mogu spriječiti u postizanju ciljeva dogovorenih s državom i vlasničkim tijelom. Svi državni predstavnici koji su imenovani kao članovi nadzornih odbora poduzeća u državnom vlasništvu trebaju imati jednake pravne odgovornosti kao i drugi članovi nadzornog odbora. Na primjer, ne smiju imati *de jure* ili *de facto* izuzeća od osobne odgovornosti.

Smatra se dobrom praksom nastojati postići raznolikost u sastavu nadzornog odbora, uključujući u pogledu spola, starosne dobi te zemljopisnog podrijetla, profesije i obrazovanja. Osobe koje su izravno povezane s izvršnim ovlastima – npr. predsjednici države, predsjednici vlade i ministri – ne smiju biti članovi nadzornog odbora jer bi to predstavljalo ozbiljne sumnje u neovisnost njihovog prosuđivanja. Za poduzeća u državnom vlasništvu koja djeluju u gospodarskim aktivnostima preporučuje se da članovi nadzornog odbora imaju dovoljno poslovnog, financijskog i stručnog znanja za učinkovito ispunjavanje svojih obveza. U tom pogledu može biti korisno iskustvo iz privatnog sektora.

Potrebno je uspostaviti mehanizme procjene i održavanja učinkovitosti i neovisnosti rada nadzornog odbora. To uključuje, primjerice, ograničenja mogućeg broja reizbora, kao i osiguranje resursa za omogućavanje pristupa nadzornog odbora neovisnim informacijama ili vještačenju.

D. Neovisni članovi nadzornog odbora, ako je primjenjivo, ne smiju imati nikakve materijalne interese ili veze s poduzećem, njegovom upravom, drugim velikim dioničarima i vlasničkim tijelom, jer bi to moglo ugroziti njihovu sposobnost za objektivno prosuđivanje.

Kako bi se poboljšala objektivnost nadzornih odbora poduzeća u državnom vlasništvu, u nadzornim odborima treba biti određen minimalan broj neovisnih članova. Neke države zahtijevaju da poduzeća u državnom vlasništvu primjenjuju jednaka pravila za neovisne članove nadzornog odbora koja se odnose na uvrštena poduzeća. Ono što se podrazumijeva pod „neovisnošću" značajno se razlikuje između pojedinih država. Neovisni članovi nadzornog odbora ne smiju imati nikakve materijalne interese ili veze s poduzećem, njegovom upravom ili vlasnikom, jer bi to moglo ugroziti njihovu sposobnost za objektivno prosuđivanje. Također se smatra dobrom praksom izuzeti osobe na temelju bračnog, obiteljskog ili drugog osobnog odnosa s izvršnim osobljem ili dioničarima s većinskim udjelom u poduzeću.

Neovisni članovi nadzornog odbora trebaju imati odgovarajuće kompetencije i iskustvo za poboljšanje učinkovitosti nadzornih odbora poduzeća u državnom vlasništvu. Za poduzeća u državnom vlasništvu koja se bave gospodarskim aktivnostima preporučuje se da imenuju članove iz privatnog sektora, što im može pomoći da budu više usmjerena prema poslovanju. Njihova stručnost može uključivati i kvalifikacije koje se odnose na posebne obveze i ciljeve politike poduzeća u državnom vlasništvu.

E. Potrebno je primijeniti mehanizme izbjegavanja sukoba interesa koji sprečavaju članove nadzornog odbora u objektivnom ispunjavanju obveza i ograničiti političke intervencije u postupanje nadzornog odbora.

Budući da svi članovi nadzornih odbora poduzeća u državnom vlasništvu mogu podlijegati sukobu interesa, potrebno je također poduzeti mjere rješavanja u slučaju da dođe do sukoba interesa. Svi članovi nadzornog odbora trebaju obavijestiti nadzorni odbor o svim sukobima interesa, nakon čega nadzorni odbor odlučuje o daljnjem postupanju. Potrebno je također poduzeti posebne mjere sprječavanja političke intervencije u nadzorne odbore poduzeća u državnom vlasništvu. U poduzećima u državnom vlasništvu koja izvršavaju važne javne usluge može biti opravdan određeni politički nadzor. Nasuprot tome, u poduzećima u državnom vlasništvu koja djeluju u gospodarskom sektoru bez ciljeva javnih politika dobra je praksa izbjegavati predstavnike visokih razina političke vlasti u nadzornom odboru, uključujući predstavnike vlade i zakonodavnih tijela. To ne podrazumijeva da drugi državni ili javni službenici ne mogu biti članovi nadzornih odbora.

F. Predsjednik treba preuzeti odgovornost za učinkovitost nadzornog odbora i, ako je to potrebno, u suradnji s drugim članovima nadzornog odbora, djelovati kao veza u komunikaciji s državnim vlasničkim tijelom. Dobrom se praksom smatra odvojiti funkciju predsjednika i glavnog izvršnog direktora.

Predsjednik igra ključnu ulogu u poticanju učinkovitosti nadzornog odbora. Njegov je zadatak stvoriti učinkovit tim od skupine pojedinaca. Za to su potrebne posebne vještine, uključujući sposobnost vođenja, motivacije timova, razumijevanja različitih perspektiva i pristupa, rješavanja sukoba, kao i osobna učinkovitost i kompetentnost. Predsjednik nadzornog odbora treba djelovati kao primarna točka kontakta između poduzeća i vlasničkog tijela. Predsjednik također može imati ključnu ulogu u postupcima imenovanja članova nadzornog odbora zajedno s vlasničkim tijelom, pružajući uvid u godišnje samostalne procjene nadzornog odbora, što pomaže u prepoznavanju razlike u vještinama trenutačnih članova nadzornog odbora.

Smatra se dobrom praksom odvojiti funkciju predsjednika od funkcije glavnog izvršnog direktora. Odvajanje tih dviju uloga pomaže osigurati primjerenu ravnotežu moći, osnažuje odgovornost i sposobnost nadzornog odbora da donosi objektivne odluke bez utjecaja uprave. Primjerena i jasna definicija funkcija nadzornog odbora i njegovog predsjednika pomaže spriječiti situacije u kojima odvojenost funkcija može dovesti do neučinkovitog sukoba između dva službenika poduzeća. Također se smatra dobrom praksom da predsjednik upravnog odbora (gdje je to primjenjivo) ne postane predsjednik nadzornog odbora nakon umirovljenja.

Odvajanje funkcije predsjednika od funkcije glavnog izvršnog direktora osobito je važno za poduzeća u državnom vlasništvu, gdje se uobičajeno smatra neophodnim osnažiti neovisnost nadzornog odbora o upravi. Predsjednik ima ključnu ulogu u vođenju nadzornog odbora, omogućivanju učinkovitog rada i poticanju aktivnog sudjelovanja pojedinačnih članova nadzornog odbora u strateškom upravljanju poduzećem u državnom vlasništvu. Kad je funkcija predsjednika i glavnog izvršnog direktora odvojena, predsjednik također treba imati ulogu u pregovorima s vlasničkim tijelom o vještinama i iskustvu koji su potrebni za učinkovit rad nadzornog odbora.

G. Ako je obvezno postojanje predstavnika zaposlenika u nadzornom odboru, treba uspostaviti mehanizme kojima se jamči da to predstavljanje

bude učinkovito i da pridonosi poboljšanju vještina, obaviještenosti i neovisnosti nadzornog odbora.

Svrha predstavljanja zaposlenika u nadzornim odborima poduzeća u državnom vlasništvu jest ojačati odgovornost prema zaposlenicima kao dionicima i ubrzati razmjenu informacija između zaposlenika i nadzornog odbora. Predstavnici zaposlenika također mogu pridonijeti u raspravama nadzornog odbora i omogućiti bržu primjenu odluka nadzornog odbora unutar poduzeća. Ako je predstavljanje zaposlenika u nadzornim odborima poduzeća u državnom vlasništvu obvezno prema zakonskim propisima ili kolektivnim ugovorima, treba se provesti tako da pridonosi neovisnosti, kompetenciji i obaviještenosti nadzornih odbora poduzeća u državnom vlasništvu. Predstavnici zaposlenika trebaju imati iste obveze i odgovornosti kao i svi drugi članovi nadzornog odbora, trebaju postupati u najboljem interesu poduzeća i tretirati sve dioničare jednako. Predstavljanje zaposlenika u nadzornim odborima poduzeća u državnom vlasništvu ne smije se smatrati prijetnjom neovisnosti nadzornog odbora.

Treba uspostaviti postupke bržeg pristupa informacijama, obuci i stručnosti te osigurati neovisnost predstavnika zaposlenika kao članova nadzornog odbora od glavnog izvršnog direktora i uprave. Ti postupci trebaju također uključivati prikladne i transparentne postupke demokratskog imenovanja, prava na redovito izvještavanje zaposlenika – pod uvjetom da su u potpunosti pridržani zahtjevi povjerljivosti nadzornog odbora – obuku i jasne postupke rješavanja sukoba interesa. Pozitivan doprinos radu nadzornog odbora također zahtijeva prihvaćanje i konstruktivnu suradnju drugih članova nadzornog odbora, kao i uprave.

H.   Nadzorni odbori poduzeća u državnom vlasništvu trebaju razmotriti uspostavljanje posebnih pododbora sastavljenih od neovisnih i kvalificiranih članova koji bi pružali podršku nadzornom odboru u izvršavanju zadataka, osobito u pogledu revizije, upravljanja rizikom i naknada. Osnivanje specijaliziranih pododbora trebalo bi unaprijediti učinkovitost nadzornog odbora i ne smije utjecati na odgovornost cjelokupnog nadzornog odbora.

Uspostavljanje pododbora može biti ključno za poboljšanje učinkovitosti nadzornih odbora poduzeća u državnom vlasništvu, ojačavanje njihove kompetencije i podržavanje ključnih odgovornosti. Oni također mogu imati utjecaj na promjenu kulture nadzornog odbora i osnaživanje njegove neovisnosti i legitimnosti u područjima u kojima postoji opasnost od sukoba interesa, primjerice u pogledu nabave, transakcija s povezanim osobama i pitanja naknada. Uvođenje specijaliziranih pododbora, osobito u velikim poduzećima u državnom vlasništvu, u skladu s praksama privatnog sektora, smatra se dobrom praksom. Posebni pododbori koji mogu dodati vrijednost odborima uključuju pododbore iz područja revizije, naknada, strategije, etike, rizika i nabave.

U nedostatku specijaliziranih pododbora, vlasničko tijelo može razviti smjernice kojima će se definirati slučajevi u kojima nadzorni odbori poduzeća u državnom vlasništvu mogu razmotriti uspostavljanje posebnih pododbora. Te se smjernice trebaju temeljiti na kombinaciji kriterija, uključujući veličinu poduzeća u državnom vlasništvu i posebne rizike s kojima se poduzeće suočava ili kompetencije koje se trebaju ojačati unutar nadzornih odbora poduzeća u državnom vlasništvu. Velika poduzeća u državnom vlasništvu trebaju barem biti obvezna imati revizijski odbor ili jednakovrijedno tijelo s ovlastima prema svim službenicima poduzeća.

Ključno je da specijaliziranim pododborima predsjeda osoba koja nije rukovoditelj i da imaju dovoljan broj neovisnih članova. Omjer neovisnih članova, kao i vrsta neovisnosti (npr. od uprave ili većinskog vlasnika) ovisi o vrsti pododbora, osjetljivosti pitanja sukoba interesa i sektora u kojem djeluje poduzeće u državnom vlasništvu. Revizijski odbor, primjerice, treba biti sastavljen isključivo od neovisnih i financijski pismenih članova nadzornog odbora. Kako bi se osigurala učinkovitost, sastav pododbora treba uključivati kvalificirane i kompetentne članove s prikladnim tehničkim znanjem.

Postojanje specijaliziranih pododbora ne izuzima nadzorni odbor od kolektivne odgovornosti za sva pitanja. Specijalizirani pododbori trebaju imati pisane uvjete referencije koji definiraju njihove obveze, ovlasti i sastav. Specijalizirani pododbori trebaju izvještavati cjelokupan nadzorni odbor, zapisnici sastanaka trebaju se dostaviti svim članovima nadzornog odbora.

I.   Nadzorni odbori poduzeća u državnom vlasništvu trebaju, uz nadzor predsjednika, provesti godišnju, dobro strukturiranu ocjenu rada i učinkovitosti.

Postupak sistematske procjene neophodan je alat u unapređenju profesionalnosti nadzornih odbora poduzeća u državnom vlasništvu jer naglašava odgovornosti nadzornog odbora i obveze članova. Također je ključan u identificiranju potrebnih kompetencija i profila članova nadzornog odbora. Usto je i koristan poticaj članovima nadzornog odbora da posvete dovoljno vremena i truda svojim obvezama kao njegovim članovima. Ocjena se treba usmjeriti na rad nadzornog odbora kao subjekta. Također treba uključivati učinkovitost i doprinos pojedinačnih članova nadzornog odbora. Međutim, ocjena pojedinačnih članova nadzornog odbora ne smije onemogućiti željenu i neophodnu kolegijalnost nadzornog odbora.

Ocjenjivanje nadzornog odbora provodi se pod odgovornošću predsjednika i u skladu s najboljim praksama. Po potrebi treba provesti vanjsku ili neovisnu ekspertizu. Ocjenjivanje nadzornog odbora treba pružiti bolji uvid u pitanja veličine nadzornog odbora, sastava nadzornog odbora i naknada za njegove članove. Ocjene također mogu biti ključne za razvoj učinkovitih i prikladnih programa uvođenja i obuke za nove i postojeće članove nadzornih odbora poduzeća u državnom vlasništvu. Za provedbu ocjenjivanja nadzorni odbori poduzeća u državnom vlasništvu mogu zatražiti savjet od vanjskih i neovisnih stručnjaka, kao i od vlasničkog tijela.

Rezultati ocjena nadzornih odbora mogu poslužiti i kao koristan izvor informacija za buduće postupke imenovanja članova nadzornih odbora. Međutim, potrebno je postići ravnotežu: ocjene nadzornih odbora mogu poslužiti kao upozorenje vlasničkom tijelu da je potrebno imenovati buduće članove nadzornog odbora s posebnim vještinama potrebnim za dotični nadzorni odbor poduzeća u državnom vlasništvu. Ali ne smiju se općenito koristiti kao alat za opoziv pojedinačnih postojećih članova, što bi ih obeshrabrilo za obavljanje aktivne i možda ključne uloge u odlukama nadzornog odbora.

J. Poduzeća u državnom vlasništvu trebaju uspostaviti učinkovite interne postupke revizije i funkciju interne revizije koja će se nadzirati i koja izvještava izravno nadzornom odboru i revizijskom odboru ili jednakovrijednom korporativnom tijelu.

Kao i u velikim uvrštenim društvima, velika poduzeća u državnom vlasništvu trebaju uspostaviti interni sustav revizije. Interna revizija omogućuje neovisne i objektivne ocjene kako bi poduzeća u državnom vlasništvu mogla poboljšati upravljanje rizikom, kontrolu i upravljanje. Interni revizori važni su za osiguranje učinkovitog i pouzdanog sustava objavljivanja i provođenje internih kontrola u širem smislu. Oni trebaju definirati postupke prikupljanja, sastavljanja i predstavljanja dovoljno detaljnih informacija. Također trebaju osigurati primjerenu provedbu postupka u poduzećima u državnom vlasništvu.

Kako bi se ojačala njihova neovisnost i povećale ovlasti, interni revizori trebaju raditi u ime nadzornog odbora i izvještavati izravno nadzornom odboru i njegovom revizijskom pododboru ili revizijskim odborima ako postoje. Interni revizori trebaju imati neograničen pristup predsjedniku i članovima cjelokupnog nadzornog odbora i njegovog revizijskog pododbora. Njihovo je izvještavanje važno kako bi nadzorni odbor mogao procijeniti stvarne aktivnosti i poslovanje društva. Treba poticati konzultacije između vanjskih i internih revizora. Također se kao dobra praksa preporučuje da se izvješće interne kontrole uključi u financijska izvješća, uz opis strukture interne kontrole i postupaka financijskog izvještavanja. Materijalni nalazi interne revizije trebaju se prijaviti nadzornom odboru i, ako je to primjenjivo, revizijskom pododboru.

ORGANIZACIJA ZA GOSPODARSKU SURADNJU I RAZVOJ

OECD je jedinstven forum u kojem države surađuju s ciljem rješavanja gospodarskih, društvenih i ekoloških izazova globalizacije. OECD se također ističe u svom nastojanju da razumije nove trendove i izazove, kao što su korporativno upravljanje, informacijska ekonomija i izazovi starenja starovništva, te pomogne državama da odgovore na njih. Organizacija pruža infrastrukturu u kojoj državne uprave mogu usporediti iskustva s politikama, zatražiti odgovore na uobičajene probleme, prepoznati dobre prakse i koordinirati nacionalne i međunarodne politike.

Zemlje članice OECD-a: Australija, Austrija, Belgija, Kanada, Čile, Češka Republika, Danska, Estonija, Finska, Francuska, Njemačka, Grčka, Mađarska, Island, Irska, Izrael, Italija, Japan, Koreja, Luksemburg, Meksiko, Nizozemska, Novi Zeland, Norveška, Poljska, Portugal, Slovačka Republika, Slovenija, Španjolska, Švedska, Švicarska, Turska, Ujedinjeno Kraljevstvo i Sjedinjene Američke Države. Europska unija sudjeluje u radu OECD-a.

OECD Publishing objavljuje rezultate prikupljenih statističkih podataka organizacije i istraživanja gospodarskih, društvenih i ekoloških pitanja, kao i konvencije, smjernice i norme koje su usvojile članice organizacije.

www.ingramcontent.com/pod-product-compliance
Lightning Source LLC
LaVergne TN
LVHW070446070526
838199LV00037B/702